Apocalipsis

2012

Diseño de portada: Editorial Sirio, S.A.

© David G. Walker

© de la presente edición
EDITORIAL SIRIO, S.A.
C/ Panaderos, 14
29005-Málaga
España

Nirvana Libros S.A. de C.V.
3ª Cerrada de Minas, 501
Bodega nº 8 , Col. Arvide
Del.: Alvaro Obregón
México D.F., 01280

Ed. Sirio Argentina
C/ Paracas 59
1275- Capital Federal
Buenos Aires
(Argentina)

www.editorialsirio.com
E-Mail: sirio@editorialsirio.com

I.S.B.N.: 978-84-96595-17-0
Depósito Legal: B-11.204-2007

Impreso en los talleres gráficos de Romanya/Valls
Verdaguer 1, 08786-Capellades (Barcelona)

Printed in Spain

DAVID G. WALKER

Apocalipsis

2012

HOJAS ✾ DE LUZ
EDITORIAL

Y acontecerá en los postreros días que yo derramaré mi Espíritu sobre toda carne, y profetizarán vuestros hijos y vuestras hijas. Vuestros jóvenes verán visiones y vuestros ancianos soñarán sueños.

HECHOS II, 17.

Deberás transmitir esta enseñanza porque los hombres están llegando a la época del juicio final. El fin del mundo está próximo para aquellos que viven, es inminente para los que nacen. Todo ser vivo queda advertido, por última vez.

R. A. SCHWALLER DE LUBICZ
(AOR LA LLAMADA DEL FUEGO).

Siempre que haya un debilitamiento de la Ley y un crecimiento de la ilegalidad en todas partes, entonces, Yo me manifiesto.
Para la salvación de los justos y la destrucción de aquellos que hacen el mal, para el firme establecimiento de la Ley, Yo vuelvo a nacer edad tras edad.

BHAGAVAD GITA, LIBRO IV,
AFORISMOS 7 Y 8.

Pero acerca del día y la hora nadie lo conoce, ni siquiera los ángeles del cielo, sino solamente el Padre.

MATEO 24, 36-37.

La tierra es profanada por sus habitantes, pues han transgredido las leyes y violado los mandamientos; por eso la maldición devorará la tierra, y quedará solamente un pequeño número.

ISAÍAS 24, 1.

Y sucederá en toda la tierra que dos terceras partes perecerán. Y la tercera parte quedará en ella. Ellos invocarán mi nombre...

ZACARÍAS 13, 8-9.

Cuando las pinturas luzcan vivas, con movimientos libres. Cuando las naves como peces naden bajo el mar. Cuando el hombre sobrepase a las aves y atraviese los cielos. Entonces la mitad del mundo, profundamente bañada en sangre, perecerá.

INSCRIPCIÓN DEL SIGLO XVII EN
EL CEMENTERIO DE KIRBY, ESSEX.

Introducción

Nos ha tocado vivir tiempos excitantes, pero también turbulentos. Si miramos el mundo que nos rodea, no podremos dejar de observar cómo la violencia y los conflictos se incrementan en todos los niveles. Una lógica oscura y certera parece conducir este mundo hacia una meta desconocida, pero sin duda catastrófica. A medida que transcurría el siglo XX, el optimismo ingenuo del siglo anterior fue lentamente dejando paso a una gran inquietud, la mayoría de las veces inconsciente. Esta inquietud ha ido aumentando, y se manifiesta en forma de una creciente inestabilidad interna y una mal contenida rebelión de los espíritus y de los corazones.

Nuestra sociedad occidental moderna se encuentra enferma, y lo que estamos viviendo y presenciando podrían ser los síntomas de una enfermedad terminal. Al mismo tiempo se está produciendo el cuestionamiento de creencias y valores, lo que ha generado una pérdida de dirección, una gran incertidumbre y un escape hacia la apatía, las drogas y otras formas de alienación. Muchos están descubriendo que no pueden ya afrontar las condiciones de vida actuales. Otros ni siquiera pueden reconocer la insensatez de sus propios actos. Y lo más triste es que ni la ciencia ni la religión, basadas en gran parte en un pensamiento divisorio, son capaces de sacar al hombre del estado en que se encuentra, pues lejos de aportarle paz y comprensión, lo separan más de la realidad. Ni una ni otra son capaces de concebir la totalidad, no pueden ver el cuadro completo.

La posibilidad de que en algún momento de los próximos años se presente la culminación de estas tendencias en que nos hallamos inmersos podría ya tener sentido. Es evidente que el deterioro actual no puede continuar indefinidamente, aunque nos sea muy difícil imaginar su punto final. Y entre otras cosas me refiero a la acelerada destrucción del medio ambiente, a las imprevisibles consecuencias del calentamiento global, a la constante amenaza de un holocausto nuclear y, ¿por qué no?, también a la vertiginosa evolución de la tecnología sin un parejo avance de la conciencia. La edad de piedra se extendió durante bastantes miles de años. La edad del bronce duró unos pocos milenios. La duración de la era industrial fue de trescientos años. La era llamada química, o del plástico, fue inferior a cien. La de la información comenzó hace menos de treinta y la de la biotecnología hace menos de diez. Siguiendo esa progresión, la siguiente era, que no sé cómo se podría denominar, tal vez dure unos tres días. Esta aceleración es algo que todos estamos viviendo. Son muchos los que sienten que vamos vertiginosamente hacia algo. Pero ¿hacia qué?

Tras el estruendoso fracaso de tantas predicciones como se habían realizado acerca del final del milenio –algunas con una antigüedad de siglos–, podría esperarse que tardáramos bastante más en dejarnos llevar por una fiebre similar. Sin embargo, no ha sido así. A medida que nos aproximamos al año 2012 –que según el calendario maya marcará el final de la presente era–, la idea de un próximo acontecimiento más bien apocalíptico no sólo se resiste a abandonar el escenario, sino que está tomando una fuerza impredecible. Alusiones directas a una catástrofe asimilable al profético «final de los tiempos» las hallamos cada vez con mayor frecuencia, y no únicamente en las pantallas de los cines, en los medios de comunicación, en los libros –en Estados Unidos se han publicado ya más de doscientos libros relacionados con el año 2012– y en boca de predicadores exaltados, sino también en sesudos estudios medioambientales e incluso en informes de política internacional.

Para Ervin Laszlo, sin duda una de las mentes más brillantes de nuestro tiempo, nos encontramos en un punto crucial de la historia y nos enfrentamos tanto al peligro de un colapso global como a la inigualable oportunidad de una renovación a escala mundial. Según él, nos quedan sólo seis o siete años para llegar al punto en el que no habrá ya posibilidad de retorno. Una vez llegados, o bien evolucionamos hacia un mundo más seguro y sostenible o bien los sistemas social, económico y ecológico que enmarcan nuestras vidas se vendrán abajo. Éste es el punto del caos, pero nos dice que no debemos considerar esto como el fin del mundo, sino sólo como el final de una etapa a partir de la cual puede surgir un nuevo amanecer. Hoy tenemos en nuestras manos la decisión única de crear un mundo nuevo.

Las páginas que siguen son sólo una recopilación. En ellas se exponen una serie de testimonios y premoniciones, unas contundentes, otras curiosas, pero de algún modo siempre preocupantes. Todas coinciden en vaticinar que probablemente la humanidad experimentará en los próximos años un cambio muy significativo. Pero, como afirma Laszlo, en nuestras manos tenemos una oportunidad única. Ojalá seamos capaces de aprovecharla.

Las opiniones personales del recopilador se han reducido a su mínima expresión, a fin de no alterar el sentido de las profecías y de los testimonios presentados.

Los Mayas

Como la actual avalancha de profecías y previsiones apocalípticas ha sido, en gran parte, propiciada por la difusión del calendario maya, éste va a ser el tema abordado en primer lugar.

¿Quiénes eran los mayas?

Los mayas representan una de las civilizaciones más grandes que hayan florecido en el planeta Tierra. Esparcidos a través de las selvas de Yucatán y de las tierras montañosas de la actual Guatemala, hay un número increíble de ciudades antiguas y templos. Pirámides escalonadas, plazas elegantemente dispuestas y centros ceremoniales exquisitamente adornados con piedras esculpidas, cubiertas por todas partes con inscripciones jeroglíficas.

JOSÉ ARGÜELLES, *EL FACTOR MAYA.*

La civilización maya –posiblemente la más brillante de todas las que surgieron en el continente americano– se desarrolló en un área de poco más de cuatrocientos mil kilómetros cuadrados, sobre un territorio que comprende la parte más meridional de México, Belice y algunas zonas de Guatemala, de Honduras y de El Salvador. Los especialistas no se llegan a poner de acuerdo con respecto a sus orígenes, pero parece que su fase formativa comenzaría, cuando menos, hacia el año 1500 a. de C. Pero fue durante el período llamado clásico –aproximadamente entre el 300 y el 830 d. de C.– cuando la civilización alcanzaría su cenit, extendiendo al mismo tiempo su influjo por la zona sur de la península de Yucatán y el noroeste de las actuales Guatemala y Honduras. Su sistema político estaba formado por ciudades-estado, centros independientes aunque relacionados entre sí por el comercio. Fue en esa época cuando se construyeron los grandes centros ceremoniales de Palenque, Tikal y Copán, en los que hallamos gran número de piedras gigantescas con grabados, llamadas estelas, en las cuales cada cinco, diez o veinte años se registraban fechas y otras informaciones importantes. Sin embargo, hacia el año 830 estos esplendorosos centros fueron abandonados de forma misteriosa, y algunas de sus gentes emigraron hacia el norte de la península de Yucatán. Así terminó la civilización maya clásica, y para algunos la civilización maya en su totalidad, pues el panorama a partir de entonces ya no sería nunca el mismo. Más allá de lo arquitectónico, parece que los avances culturales se detuvieron, pasando desde entonces los mayas a convertirse en un pueblo más bien guerrero, muy semejante en este aspecto a sus vecinos. ¿Qué fue lo que produjo el éxodo de las ciudades mayas clásicas? ¿Por qué ese cambio de personalidad en la nueva ubicación? Para algunos, todo estuvo causado por la intervención de los toltecas, a quienes consideran los destructores de la civilización maya, aunque ciertamente también fueron los artífices de la unificación política de todas las pequeñas poblaciones antes dispersas. Bajo la influencia tolteca, los mayas adquirieron las características religiosas y guerreras de las sociedades más propiamente mexicanas, con una organización política unitaria. El factor cultural que sirvió de nexo a la unión maya-tolteca fue la difusión religiosa de Quetzalcóatl/Kukulkán, ocurrida entre el año 947 y el 999 d. de C. Así, desde el 900 hasta la llegada de los españoles (período posclásico), el centro de la nueva civilización maya fue el norte de Yucatán, donde florecieron ciudades como Chichén Itzá, Mayapán y Uxmal. La Liga de Mayapán, que dominó la península de Yucatán durante dos siglos, preservó la paz durante algún tiempo, pero tras un período de guerra civil y de revolución, dichas ciudades quedaron también abandonadas. Al llegar los españoles, vencieron con facilidad a los grupos mayas más importantes, aunque el gobierno mexicano no logró subyugar las últimas comunidades independientes hasta 1901. Actualmente los descendientes de los mayas forman la mayoría de la población campesina en Yucatán y Guatemala, y su lengua es hablada por unas 350 000 personas en Yucatán, Guatemala y Belice.

La cultura maya, en sus dos etapas, produjo una arquitectura monumental, de la que se conservan grandes ruinas en Palenque, Uxmal, Mayapán, Copán, Tikal, Bonampak, Tulún y Chichén Itzá, entre muchas otras ciudades. Estos lugares eran enormes centros de ceremonias religiosas. La distribución de las urbes consistía en una serie de estructuras piramidales, la mayoría de las veces coronadas por templos, agrupadas alrededor de plazas abiertas. Las pirámides escalonadas estaban recubiertas con bloques de piedra pulida y por lo general tenían una escalinata en una o varias de sus caras. La madera se utilizaba para los dinteles de las puertas y para las esculturas. Su gran hallazgo técnico fue el sistema de la falsa bóveda por aproximación de filas de bloques de piedra, para cubrir espacios alargados o estrechos, que concluyen en el característico arco maya. Las ventanas eran poco frecuentes, muy pequeñas y angostas. Los interiores y los exteriores de los edificios eran pintados con colores vivos, y se dedicaba especial atención a los exteriores, que decoraban profusamente con esculturas pintadas, dinteles tallados, molduras de estuco y mosaicos de piedra. Las decoraciones se disponían generalmente en amplios frisos que contrastaban con franjas de ladrillos lisos. Las viviendas del pueblo eran muy parecidas a las chozas de paredes de adobe o troncos, con techumbre de ramas de palmera, que todavía hoy se pueden apreciar entre los mayas contemporáneos.

Los pueblos mayas desarrollaron un elaborado método de notación jeroglífica y registraron su mitología, su historia y sus rituales en inscripciones grabadas y pintadas en estelas, en los dinteles y escalinatas, y en otros monumentos. También realizaron registros en códices de papel amate (corteza de árbol) y en pergaminos de piel de animales. Lamentablemente, sólo han llegado hasta nosotros tres muestras de estos códices procedentes del período posclásico: uno de ellos se halla actualmente en Dresde, otro en París y el tercero en Madrid. Ya en el siglo XVI se escribieron textos en lengua maya, pero con alfabeto latino. Entre los más importantes se encuentran el Popol Vuh, relato mítico sobre el origen del mundo y la historia del pueblo maya, y los llamados libros de Chilam Balam, que son crónicas de chamanes o sacerdotes en las que se recogen acontecimientos históricos.

La religión del pueblo maya se centraba en el culto a un gran número de dioses de la naturaleza, entre los cuales Chac, dios de la lluvia, tenía especial importancia en los rituales populares. Entre las deidades supremas se hallaban Kukulkán, versión maya del dios tolteca Quetzalcóatl; Itzamná, dios de los cielos y el saber; Ah Mun, dios del maíz; Ixchel, diosa de la luna y protectora de las parturientas, y Ah Puch, diosa de la muerte. Una característica maya era su total confianza en el control que los dioses tenían con respecto de determinadas unidades de tiempo y de todas las actividades del pueblo.

El universo cultural y científico de los mayas

Ya en 1935, el arqueólogo Sylvanus Griswold Morley resumía así los logros de la cultura maya: «Cuando los adelantos materiales de los antiguos mayas en arquitectura, escultura, el arte de la cerámica, el arte de trabajar con las piedras preciosas, el trabajo con plumas, y el arte de tejer y teñir el algodón se suman a sus realizaciones abstractas e intelectuales, es decir, la invención de las matemáticas posicionales con su desarrollo concomitante del cero; la construcción de una cronología elaborada con base en un punto fijo de partida, el uso de un sistema para contabilizar el tiempo, tan exacto o más que nuestro propio calendario gregoriano; un conocimiento de astronomía superior al de los antiguos egipcios y babilonios, y todo esto juzgado a la luz de sus propias limitaciones culturales, que estaban a la par con las de la temprana era neolítica del mundo antiguo, ello nos permite proclamarlos, sin temor a contradicción, como el pueblo aborigen más brillante de este planeta».

Por su parte, José Argüelles es mucho más apasionado: «Después de muchos años de estudio y meditación sobre el misterio de los mayas, he llegado a la inevitable conclusión de que éstos no pueden ser comprendidos con la vara que hemos usado para medirlos y juzgarlos. Al haber captado intuitivamente que el objetivo de la vida de acuerdo con los mayas en gran parte pudo haber sido muy diferente de lo que nuestra imaginación materialista puede reconocer, muy recientemente he llegado a la conclusión de que los mayas, al menos aquellos cuya civilización llegó a una parada repentina en su pináculo, durante el año 830 d. de C., no sólo fueron más inteligentes que nosotros, sino que su ciencia estaba mucho más adelantada que la nuestra. Por esta razón poco importa que ellos no hubieran utilizado herramientas metálicas, o inventos que ahorrasen trabajo, tales como la rueda –tampoco emplearon bestias de carga».

En lugares como Quirigua y Copán, los jeroglíficos grabados en piedra con elegancia y asombrosa precisión inquietan a la mente por su cantidad y su sentido del orden. Aunque en el último período clásico hay descripciones de lo que parecen ser prisioneros, en ninguna de sus esculturas se ven escenas de guerra; y cuando los mayas empezaron a construir sus centros ceremoniales astronómicos de piedra entre el 200 y el 400 de nuestra era, el sistema jeroglífico matemático estaba ya plenamente conformado, y era perfecto en todos sus detalles. Extrañamente, existe poca evidencia de etapas formativas, de desatinos y errores. Nos encontramos ante un sistema completo de signos, matemáticas y cálculos, acompañado de un código jeroglífico altamente desarrollado.

Sigue el doctor Argüelles: «Los mayas calcularon la longitud de la revolución terrestre alrededor del Sol, con una precisión de cerca de una milésima de un punto decimal, de acuerdo con los cálculos de la ciencia moderna. Y esto lo hicieron sin nuestros instrumentos de precisión. Y no sólo eso, sino que elaboraron calendarios sobre los ciclos de las lunaciones y de los eclipses; y aún más, tenían calendarios que registran las revoluciones sinódicas y las sincronizaciones de los ciclos pertenecientes a Mercurio, Venus, Marte, Júpiter y Saturno. Además, en algunos de sus monumentos se han encontrado registros de fechas y acontecimientos que sucedieron hace 400 000 000 de años. Todo esto lo realizaron con un sistema numérico único e increíblemente sencillo y flexible, en el que contaban por veintenas –en lugar de hacerlo por decenas como nosotros–, y únicamente utilizaron tres símbolos de numeración escrita».

Es decir, para contar y realizar sus cálculos astronómicos, los mayas usaron un sistema vigesimal, esto es, con base 20, del mismo modo que nosotros usamos un sistema decimal, o con base 10. En nuestro sistema decimal, cada diez unidades forman una de nivel superior (cada diez unidades forman una decena, diez decenas forman una centena, diez centenas, un millar, etc.). En el de los mayas, veinte unidades formaban una de nivel superior. En su sistema de contar, el siguiente número:

2.3.4

traducido al sistema decimal sería:

(2 x 20 x 20) + (3 x 20) + (4 x 1) = 864

11.14.7.2

traducido a nuestro sistema sería:

(11x20x20x20) + (14x20x20) + (7x20) +(2x1) = 93 742

Parece una forma muy complicada de contar, pero únicamente porque no estamos habituados a ella. De hecho, se trata de un sistema mucho más sencillo que el nuestro, con el que se pueden manejar cantidades muy superiores a las nuestras con tan sólo tres signos. En su sistema de anotación, un punto es igual a una unidad, una barra a cinco unidades y una concha estilizada a cero. Con tan sólo estos tres símbolos los mayas realizaron verdaderos milagros matemáticos.

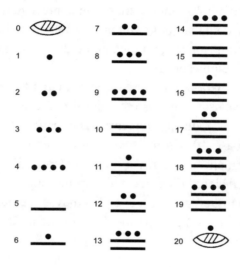

Figura 1. Números mayas: un punto representaba una unidad de 1 y una barra una unidad de 5

El calendario maya

En el observatorio de Kitt Peak en Tucson, Arizona, uno de los más grandes del planeta, hay un gran mural de mosaicos que representa el pensamiento astronómico de la civilización maya. Los mayas fueron grandes astrónomos. Calcularon, antes que ningún otro pueblo en el mundo, la duración del movimiento de traslación de la Tierra, fijándolo en 365,2420 días (la ciencia moderna lo ha establecido en 365,2422). Llegaron a determinar, con escaso margen de error, la revolución completa de la Luna alrededor de la Tierra y sus correspondientes fases lunares. Calcularon el movimiento sinódico medio del planeta Venus en 584 días, cuando es, verdaderamente, de 583,92. Confeccionaron, al parecer, un zodíaco compuesto por trece casas, en lugar de las doce nuestras, reflejo del nivel alcanzado en la observación de los astros. En la inscripción del mural de Tucson puede leerse que los antiguos mayas utilizaron un sistema para contar el tiempo que presenta mayor exactitud que el calendario gregoriano, el usado actualmente en todo el mundo occidental, que considera que el año tiene una duración 365,2425 días. En la cumbre de su civilización, los mayas llegaron a utilizar al menos 17 calendarios distintos, tres de los cuales eran el Tzolkin (o calendario sagrado), el Haab (o calendario civil) y el sistema de la Cuenta Larga.

El Tzolkin estaba basado en el ciclo lunar. Constaba de 260 días y estaba dividido en 13 meses de 20 días cada uno. Cada uno de estos días tenía un nombre y era antecedido por los números del 1 al 13. De esta forma, sólo volvían a coincidir el mismo número y día transcurridos 260 días, es decir, cada ciclo del Tzolkin constaba de 260 fechas diferentes. Los días se consideraban dioses, y por ellos daban el nombre a los recién nacidos y determinaban el horóscopo que regiría su vida. Éstos son los nombres y los glifos de los 20 días que formaban un mes del Tzolkin:

Figura 2. Glifos de los días mayas

Por su parte, el Haab, o calendario civil, constaba de 18 meses de 20 días cada uno, más un mes extra de tan sólo cinco días. Estos cinco días formaban el mes de Uayeb, palabra cuyo significado es «anónimo». Los cinco días «anónimos» estaban considerados como desafortunados. Nadie se casaba ni emprendía nada significativo en Uayeb. De esta forma, el ciclo del Haab consistía en 365 días (18 x 20 + 5).

Éstos son los nombres y los glifos de los 19 meses del Haab:

POP	UNO	ZIP	ZOTZ	ZEC	XUL	YAXKIN

MOL	CHEN	YAX	ZAC	CEH	MAC	KANKIN

MUAN	PAX	KAYAB	KUMKU	UAYEB

Figura 3. Glifos de los meses del Haab

Así, el Tzolkin y el Haab son ambos ciclos de días. El primero es un ciclo de 260 días y el segundo de 365. Ambos calendarios se usaban al mismo tiempo, combinados. Al combinar los ciclos del Tzolkin y del Haab obtenemos un ciclo de 18 980 días, que es lo que se conoce como la Ronda del Calendario o Rueda Calendárica. Los 18 980 días de la Ronda del Calendario representan un poco menos de 52 años solares. De este modo, las fechas mayas eran dobles: ellos anotaban siempre la del calendario religioso o Tzolkin y la del calendario Haab o civil. Ambos se ajustaban como dos ruedas dentadas; sin embargo, al poseer distinto número de muescas, 260 y 365, respectivamente, sus fechas volvían a coincidir pasados 18 980 días. Dicho momento era considerado como el Año Nuevo de la Rueda Calendárica. Señalaba, por otra parte, la repetición de los acontecimientos presididos por los mismos dioses. Cuando los españoles llegaron a México, este ciclo de poco menos de 52 años solares era utilizado todavía por los aztecas. Fray Bernardino de Sahagún, en su *Crónica de las cosas de la Nueva España*, relata con gran detalle:

[...] 52 años, era una gavilla. Este número de años lo han contado desde tiempos antiguos; no se sabe cuándo comenzó, pero creían con bastante fidelidad que el mundo acabaría al cumplirse una de estas gavillas, y sus profecías y oráculos les revelaban que los movimientos del cielo cesarían entonces, y tomaban como señal el movimiento de las Cabrillas (las Pléyades) *en relación con la noche de esta fiesta, a la cual dieron el nombre de Toxiuh molpilli, ya que en esa noche las Cabrillas estaban en medio del cielo, a medianoche, correspondiendo a esta latitud mexicana. En esta noche encendían el fuego nuevo y antes de encenderlo apagaban los de todas las provincias, pueblos y casas de toda esta Nueva España, y todos los sátrapas y ministros de los templos acudían en gran procesión y solemnidad. Venían desde el Templo de México* (Templo Mayor) *muy temprano en la noche; acudían a la cima de ese monte cerca de Ixtapalapa al que ellos llaman Uixachtécatl; y escalaban hasta la cima cerca de la medianoche, donde había un templo solemne hecho para esa ceremonia; y si era demasiado temprano, esperaban. Cuando veían que pasaban* (las Cabrillas) *por el cenit, entendían que el movimiento de los cielos no iba a cesar, que no era el fin del mundo, sino que iba a durar otros 52 años. A esta hora grandes multitudes permanecían en los montes que rodean esta provincia aguardando ver el fuego nuevo, que era la señal de que el mundo continuaría; y cuando los sátrapas encendían el fuego con gran ceremonia en el templo de ese monte, entonces aparecía en todos los montes de alrededor, y cuando aquellos que estaban ahí lo veían, gritaban felices, porque el mundo no acabaría y sin duda tendrían otros 52 años [...].*

El Tzolkin y el Haab, combinados en la Rueda Calendárica, constituían un sistema muy adecuado para fechas de períodos inferiores a 52 años, pero cuando los mayas tenían que identificar una fecha determinada dentro de una extensión muy larga, la combinación de los dos calendarios les era insuficiente, dado que después de 52 años todas las fechas volvían a repetirse, con lo cual en un ciclo de varios cientos de años, hubiese habido varias fechas con idéntica denominación.

Este problema lo superaban con el uso de un tercer calendario, que les permitía identificar un día concreto dentro de un período de 1 872 000 días (aproximadamente 5 125,36 años solares) y que es conocido con el nombre de Cuenta Larga. Para registrar las fechas de la Cuenta Larga, los mayas usaban el sistema vigesimal ya mencionado, pero modificándolo para contar los días. En el sistema vigesimal puro, cada lugar está ocupado por un número de 0 a 19, y ese número se entiende que debe ser multiplicado por 20 tantas veces como indique su posición, tal como se detalló anteriormente. Es decir:

$$4.3.7 = 4 \times 20 \times 20 + 3 \times 20 + 7 \times 1 = 1667$$

Sin embargo, al contar días con el calendario de la Cuenta Larga, los mayas usaron un sistema posicional, en el que en el primer lugar, como de costumbre, el 1 tenía un valor de 1, en el segundo lugar, un 1 tenía un valor de 20, pero en el tercer lugar no tenía un valor de 400 (20 x 20), sino de 360 (es decir, 18 x 20). Así, según este sistema:

$$1.3.8.8 = (1 \times 20 \times 18 \times 20) + (3 \times 18 \times 20) + (6 \times 20) + (8 \times 1) = 8408$$

Del mismo modo que nosotros disponemos de nombres (como «semana»), para ciertos períodos de tiempo, los mayas los tenían para los ciclos de 20 días, 360, 7200, etc., de acuerdo con el sistema vigesimal modificado que se usaba en la Cuenta Larga. A un día lo denominaban *kin*; 20 *kines* hacían un *uinal*; 18 *uinales* un *tun*; 20 *tunes* un *katun*, y 20 *katunes* un *baktun*.

1 día   = 1 *kin*
20 *kines*   = 1 *uinal* (un «mes» de 20 días)
18 *uinales* = 1 *tun* (un «año» de 360 días)
20 *tunes*   = 1 *katun* = 7200 días
20 *katunes* = 1 *baktun* = 144 000 días

Los números en los cinco lugares de una fecha de la Cuenta Larga representan los siguientes periodos de tiempo:

BAKTUNES . KATUNES . TUNES . UNINALES . KINES

Así, por ejemplo, 9.15.9.0.1 representa una cuenta de 9 *baktunes*, 15 *katunes*, 9 *tunes*, ningún *uinal* y 1 *kin*, o en otras palabras, 9 x 144 000 + 15 x 7200 + 9 x 360 + 0 x 20 + 1 x 1 días, es decir, un total de 1 407 241 días. Es una cuenta de días desde la fecha base maya de 0.0.0.0.0.

De este modo, las fechas de la Cuenta Larga que se hallan en los monumentos, estelas y códices mayas son números vigesimales modificados, compuestos de cinco lugares y que se refieren a una cuenta lineal de días con base en una fecha inicial, es decir, contados a partir de un determinado día en el pasado. Es el número de días transcurrido desde el día 0.0.0.0.0. La pregunta que ahora nos viene a la mente es: ¿qué día usaron los mayas como fecha de inicio para esta «Cuenta

Larga»? ¿Qué fecha de nuestro calendario gregoriano se corresponde con el año de la Cuenta Larga 0.0.0.0.0? La Cuenta Larga comenzó con un acontecimiento conocido como el nacimiento de Venus, el 12 de agosto del año 3114 a. de C. Este suceso fue tan importante para los mayas que lo utilizaron como la base de su calendario, del mismo modo que el nacimiento de Jesús se emplea para el nuestro. Los mayas se basaban en los ciclos de Venus para llevar la cuenta de los períodos de tiempo largos –curiosamente el año venusino no es siempre de la misma duración, pues oscila entre los 581 y los 587 días.

La mayoría de las fechas de la Cuenta Larga que se encuentran en las inscripciones de piedra tienen una fecha del *baktun* 9, es decir, la etapa que va desde la fecha 9.0.0.0.0 hasta la 10.0.0.0.0, que corresponde a la época conocida como período clásico y que aproximadamente es la comprendida entre los años 436 y 829 de nuestra era.

¿Y no existía ninguna unidad de tiempo mayor que el *baktun*? Pues sí, existió. Se trata del Gran Ciclo y su duración es de 13 *baktunes* (13 x 144 000 = 1 872 000 días, es decir, aproximadamente 5 125,37 años solares). Las dos fechas extremas del Gran Ciclo en el que nos encontramos en la actualidad son 0.0.0.0.0 y 13.0.0.0.0. La primera de ellas se corresponde con el 13 de agosto del año 3114 a. de C., y la segunda con el 21 de diciembre del 2012.

Quinientos años después del período clásico maya, floreció en México central el imperio azteca, que llegó a sojuzgar a todos los pueblos vecinos, desde Centroamérica hasta lo que hoy es Estados Unidos. Cuando fray Bernardino de Sahagún registró las ceremonias que cada 52 años celebraban los aztecas, habían pasado ya más de 700 años desde el declive cultural de la civilización maya. Como potencia política, cultural y militar, los mayas hacía ya mucho que habían dejado de existir, y sus otrora esplendorosas ciudades, distantes casi dos mil kilómetros de la ciudad de México, habían desaparecido bajo la selva. Pero es evidente que algo de la ciencia y de la sabiduría maya había llegado a los belicosos aztecas, aunque alguna información les llegó distorsionada. El final de ciclo al que realmente había que temer no es el de la conjunción Tzolkin-Haab, que se repite cada 52 años, sino el del Gran Ciclo de 13 *baktunes* de la Cuenta Larga.

Finalmente, hoy nos hallamos ya a las puertas de ese momento. Según los mayas, estamos ante el final de una era. La humanidad ha vivido ya cuatro eras más, cada una de las cuales terminó y se renovó de forma drástica al concluir el correspondiente gran ciclo de la Cuenta Larga. El presente ciclo termina el 21 de diciembre del año 2012 (el 22 para otros estudiosos). ¿Qué va a ocurrir ahora? ¿Estamos comportándonos tan absurdamente como lo hacían los aztecas cada 52 años? ¿O deberíamos, ante el año 2012, tener en cuenta el gran conocimiento que demostraron poseer los mayas en lo relativo a la medición del tiempo?

José Argüelles y
El factor maya

Estadounidense de origen mexicano, el doctor José Argüelles nació en 1939. Se doctoró en Filosofía y ejerció como profesor en varias universidades de California y Colorado. Artista, poeta e historiador, fue el propulsor de la corriente denominada Arte Planetario. Es autor de varios libros de enfoque holístico, y se le reconoce como uno de los principales intelectuales de la corriente internacional Nueva Era. En 1987 propuso la celebración de la Convergencia Armónica, inspirada en su libro *El factor maya*, aunque ya en 1970 había fundado el Festival del Día de la Tierra, que dio un gran impulso al movimiento ecológico en Estados Unidos.

El doctor José Argüelles es quizá el personaje contemporáneo que más ha estudiado los aspectos trascendentales de la civilización maya, y especialmente de su calendario, del que descifró aspectos hasta entonces desconocidos, sobre todo la relación que guarda con los estados de conciencia y las fechas de sincronización galáctica.

Junto con su esposa Lloydine, fundó el «Movimiento mundial de paz y de cambio al calendario de las trece lunas» y está, al igual que ella, totalmente comprometido en la cruzada del «tiempo natural» o de apertura a una nueva frecuencia basada en el uso diario de dicho calendario. Consiguió descifrar cierta información legada por los mayas del período clásico y descubrió lo que él denomina el «código cósmico del tiempo». Tras décadas de concienzudas investigaciones, ha actualizado y difundido este legado. La propuesta del matrimonio Argüelles consiste en seguir el «camino de las trece lunas» para situarnos diariamente en la frecuencia adecuada y así lograr la armonía con todo el universo, tal como hacían en su día los sabios mayas.

Argüelles ve en los antiguos mayas verdaderos maestros de la matemática cósmica y otras ciencias del futuro. Opina que el tiempo pertenece a la cuarta dimensión y que es a su vez un enlace entre la tercera (física) y la quinta (espiritual). Su trabajo en este campo de estudio ha dado lugar al diseño de un método-juego «Dreamspell» o «Encantamiento del sueño», que nos reconecta con el tiempo natural. En el ámbito social sostiene que la civilización tecnológica actual ha llegado al límite de su desarrollo, no por falta de preparación de los hombres de ciencia, sino porque no es posible dar un solo paso más sin que ello afecte gravemente a la biosfera y, por ende, al propio ser humano.

Su ambiciosa y poco convencional obra *El factor maya* está basada en tres puntos principales: el primero es que la historia de la humanidad está formada en gran parte por un rayo galáctico a través del cual la Tierra y el Sol han estado pasando durante los últimos 5000 años, y que nos espera un gran momento de transformación, a medida que lleguemos al final del rayo, en el año 2012. El segundo, que las perspectivas y las actividades culturales del mundo siguen la naturaleza de las «estaciones galácticas», cuyo código fue captado matemática y simbólicamente por los mayas. Y el tercero, que cada uno de nosotros tenemos el poder para conectarnos directamente, ya sea sensorial, sensitiva o electromagnéticamente con la energía y la información de ese rayo que emana del corazón de la galaxia, y de este modo podemos despertar nuestra verdadera mente, es decir, la mente profunda, la mente superior.

El propio doctor Argüelles es consciente de que sus conclusiones son de naturaleza inquietante. Manifiesta que desde el comienzo tuvo que sumergirse en un territorio mental que los patrones de la cultura dominante consideran inexistente o tabú. Y, en verdad, su obra muestra la extravagancia y la confusión de las ideas propias de toda nueva visión de la realidad; esto sólo hace que leer su libro sea un desafío, más allá de la magnitud cósmica de sus declaraciones.

Conocedor de la ciencia actual, sabe que la única esperanza de un equilibrio para la sociedad occidental consiste en asimilar plenamente la cosmología de los pueblos primitivos, y en particular la cosmología maya. ¿Por qué deben ser estudiadas con detenimiento las cosmologías primitivas? Porque los pueblos primitivos –nos dice– tienen la convicción de que la Tierra, el Sol, la galaxia, el universo y todas las cosas en todas partes están vivas y son inteligentes. Según el doctor Argüelles, para los mayas cada era presenta una cualidad particular, una cualidad que favorece un tipo especial de actividad. Al conocer los códigos galácticos de las distintas estaciones, se puede prever la llegada de éstas y actuar de acuerdo con ellas, y con gran efecto. Tal orientación hacia el universo era común en la mayoría de los pueblos primitivos, aunque quizá ninguno tuvo la exquisita sutileza de los mayas. La tradición religiosa occidental primitiva y medieval tenía una concepción similar del tiempo, según la cual cada momento o era tenía su cualidad especial, otorgada por el corazón de la Divinidad. De este modo, conociendo la cualidad del momento, uno se puede capacitar para entrar profundamente en una actividad divina. Las siguientes palabras están entresacadas de entrevistas y textos suyos:

«No es difícil ver que hay grandes problemas a los que se enfrenta el ser humano en estos momentos. Cuando crece la población en forma incontrolable, cuando el clima cambia de la manera en que lo está haciendo, cuando se observan los cambios que ocurren en el Sol, y se sabe que el próximo ciclo de las manchas solares va a concluir en el 2012, no es difícil ver que hay una convergencia de fuerzas muy fuertes. Sólo puedo decir que después de muchos años de estudiar estos fenómenos y a los mayas y sus profecías, es claro que se va a producir un gran cambio en la humanidad...».

«Las predicciones mayas son simples y dicen que cuando se acerque el año 2012, si el hombre no puede volver a vivir en forma natural, en sintonía con los ciclos de la naturaleza, se va a destruir a sí mismo y quizá al planeta también. Pero si puede volver a vivir de acuerdo con los ciclos universales, entonces podrá pasar al siguiente paso evolutivo.»

«Está claro para dónde va la globalización del materialismo histórico. Siempre después de una situación extrema, viene lo opuesto; y nos encontramos en este momento en el umbral de este tipo de cambio... Cualquiera puede usar su lógica y su inteligencia, y leer las señales de los tiempos, como por ejemplo el cambio climático, la pérdida de la biodiversidad, las catástrofes naturales, el agotamiento del petróleo, los efectos solares imprevisibles, las diferentes formas de guerra, etc., etc.»

«El calendario maya es un sistema matemático y de computación del tiempo sin parangón en el mundo. Cuando hablamos del 2012, significa sólo el final de un ciclo, y también el de otros ciclos que convergen en esa fecha. El ciclo que termina el 2012 es el ciclo de los 13 *baktunes* y es cuando se llega al final de la Cuenta.»

Daniel Pinchbeck y
2012, el regreso de Quetzalcoatl

En el momento en que escribo estas líneas, Daniel Pinchbeck es el padre de uno de los libros relacionados con este tema que mayor repercusión está teniendo en los medios de comunicación norteamericanos. Autor de varias obras, ha escrito para la revista del *New York Times*, para *Esquire*, *Wired*, *The Village Voice* y *Los Angeles Weekly*. En su libro *2012, el regreso de Quetzalcoatl*, nos dice:

«Mi hipótesis es que la Tierra está volviéndose materialmente menos densa y responde más a lo psíquico. Esto está ocurriendo por fases que nos llevarán hacia la transformación planetaria del 2012, que era el foco de la cosmología maya y tolteca... Pensadores de lo oculto como Gurdjieff y Rudolf Steiner consideraban los planetas como matrices vibratorias en la estructura armónica del sistema solar, más que como pedazos de roca y gas. Jose Argüelles cree que los planetas son extrusiones del Sol, canalizadores de energía e información provenientes de sistemas solares distantes y de Hunab Ku, el centro galáctico. Desde esta perspectiva, el hecho de que Marte esté acercándose debe de significar un cambio en la frecuencia vibratoria del planeta. Esto debe de tener efectos directos en la conciencia humana. Pienso que eso es lo que el "2012" significa un cambio a un estado de conciencia superior para los humanos, un estado de vibración superior para el planeta, una nueva Edad Dorada para la Tierra. Los aspectos trágicos de destrucción y guerra que acaecen actualmente son una forma de "limpiar el camino" para la huella armónica –o caótica– de la poshistoria. Desde la perspectiva junguiana, nuestro mal uso de la tecnología es una proyección de una sombra no integrada de la psique humana en el mundo material. En el 2012, podrá verse para qué sirve la sombra, y podrá ser integrada, de forma que podamos avanzar. Me parece que la destrucción acelerada de la biosfera por la civilización moderna es un cataclismo que de alguna forma fuerza una evolución acelerada de la conciencia humana hacia un estado más intenso –lo que el filósofo Jean Gebser llama una "nueva estructura de la conciencia"–. A medida que nos aproximamos a esta nueva perspectiva, veremos que estaremos descubriendo nuevas formas de vivir en el tiempo y en el espacio –los aspectos físicos del tiempo se vuelven cada vez más aparentes–. Parece que estamos adquiriendo un conocimiento más profundo de cómo trabajan las sincronicidades, definidas por Jung como "principios de ordenación acausales". La destrucción parece ser necesaria para forzar nuestra evolución. [...] Era necesario crear una situación de presión en donde no existiese ninguna zona de seguridad excepto la de la transformación alquímica. Una forma de describir lo que está sucediendo sería como "un proceso colectivo de individuación". Hace poco leí un libro de Edward Edinger, *Arquetipos del apocalipsis*. Argumenta que el apocalipsis representa el momento de la revelación de la conciencia humana, y de la paradójica unión de los opuestos descrita simbólicamente en el Libro de las Revelaciones. Pienso que estamos en el umbral de dicha transformación. Considero que hay razones para pensar que la poshistoria tras el 2012 será una utopía de la imaginación que excede nuestros sueños más fantásticos».

Las profecías mayas
según Malkún

El investigador y documentalista colombiano Fernando Malkún clasifica el cuerpo profético maya en siete vaticinios o profecías, que sintetiza de la siguiente manera:

La **primera profecía** establece –siempre según él– que nuestro mundo –de la manera en que lo concebimos actualmente– entrará en una etapa de grandes cambios, marcando el *año 2012* como fecha de término del Gran Ciclo de 5125 años iniciado en el 3113 a. de C. El sistema solar recibirá un rayo sincronizador procedente del centro de la galaxia, que pondrá fin al materialismo. Antes de esa fecha, la humanidad deberá decidir entre desaparecer como especie que destruye su planeta o evolucionar hacia una nueva era de integración con el universo. Esta profecía habla del final del miedo, y establece que el proceso de grandes cambios será vivenciado por la humanidad para que comprendamos cómo funciona el universo y podamos avanzar hacia un nivel superior. Señala el *tiempo del no tiempo*, el período de veinte años previo al 2012. En este lapso, nuestra raza entró en lo que se denomina el «Gran Salón de los Espejos», en el que nos enfrentamos a nosotros mismos, analizándonos y teniendo en nuestras manos la posibilidad del cambio. Se trata de una importante oportunidad de transmutación espiritual.

La **segunda profecía** señala el *eclipse de sol del 11 de agosto de 1999* como un momento clave, en el que la alineación en cruz cósmica con centro en la Tierra de casi todos los planetas acelerará el proceso de transformación de nuestro mundo. Anuncia que la humanidad se encuentra en una etapa de transición hacia una nueva manera de percibir el universo, y que desde esa fecha, las fuerzas de la naturaleza actúan como catalizadoras de una serie de cambios acelerados y de enorme magnitud. Habrá modificaciones físicas en el Sol y en la Tierra, y el comportamiento psicológico de la humanidad se verá afectado. Revela también que si la mayoría de los hombres se sincroniza con la naturaleza, se neutralizarán los cambios drásticos que describen los siguientes vaticinios.

La **tercera profecía** sostiene que una *ola de calor* aumentará la temperatura del planeta, produciendo cambios climáticos y sociales de importancia. ¿La razón? Los mayas se la atribuyen a la combinación de varios factores: algunos generados por el hombre –en su falta de sincronía con la naturaleza y sus manejos antiecológicos– y otros por efectos del Sol, al producir mayor irradiación por el aceleramiento de su actividad, aumentando su vibración.

La **cuarta profecía** indica que el aumento de la temperatura del planeta hará posible el *derretimiento de los polos*. Las protecciones que tenemos a nivel planetario se están debilitando: el escudo electromagnético que nos cubre está disminuyendo su intensidad. El agujero de ozono, sin ir más lejos, permite la llegada de los rayos de sol en forma más intensa a la superficie del planeta, produce alteraciones del clima y aumenta la temperatura de los mares, contribuyendo al derretimiento más rápido de los casquetes polares.

Según la **quinta profecía**, los sistemas organizadores de nuestra sociedad sufrirán un caos, y se dejará de usar el *dinero* como medio de intercambio. La economía del hombre está basada en principios de agresión, que resultan incompatibles con el nuevo tiempo que va a llegar. Los medios informáticos se colapsarán y el aumento de la actividad del Sol agravará la situación, causando daños en los satélites. Todos los sistemas cimentados en el miedo sobre los que está fundamentada nuestra civilización se transformarán junto con el planeta, para dar paso a una nueva armonía. La mente evolucionada será el «gran instrumento» de comunicación. Los sistemas religiosos también entrarán en crisis, surgirá un solo camino espiritual para toda la humanidad y se dejará de lado a «los dioses que infunden temor».

La **sexta profecía** advierte sobre la posibilidad de que un *cometa* ponga en peligro la existencia de la humanidad. Esto fue también anunciado por distintas culturas y religiones. Para los mayas, los cometas eran disparadores de cambios. Los consideraban potentes generadores de transformación, que permitían la evolución de la conciencia colectiva. Si este cometa aparece, es posible que impacte contra la Tierra, salvo que una acción psíquica conjunta de las mentes humanas logre desviar su trayectoria. Los mayas dicen que tenemos que comprender los ritmos naturales para sincronizarnos con la armonía del universo. Si la conciencia humana se une más allá de las fronteras de los países en una profunda cooperación internacional, los procesos serán menos traumáticos.

La **séptima profecía** indica la posibilidad del nacimiento de una *nueva conciencia*. En los trece años que van desde 1999 hasta el 2012, todos los seres humanos tendrán la oportunidad de romper sus limitaciones, accediendo a una armónica manera de entender la vida en sociedad y comprendiendo la realidad más allá de sus sentidos. La luz emitida desde el centro de la galaxia sincronizará a todos los seres vivos, permitiendo una nueva realidad. El sistema solar saldrá de la Noche para entrar en el Amanecer de la galaxia. La mente del hombre evolucionará; quienes eleven su energía vital vibrarán más alto y tendrán, incluso, posibilidades de comunicarse a través del pensamiento. Se conformará un gobierno mundial armónico, con los seres más sabios y evolucionados del planeta. Probablemente se diluya el concepto de nacionalidad.

Según el calendario maya, nos acercamos al final de una era. Ya antes ha habido otros finales, siempre cataclísmicos, pero el relato maya de las catástrofes que ocasionaron un dramático fin a cada una de las cuatro eras no es único. Las diversas tradiciones religiosas, místicas y mitológicas están llenas de historias similares y también de vaticinios referidos a un episodio semejante todavía por llegar. Las primeras son relatos de desastres globales que sirven para explicar cómo la Tierra ha llegado a tener la forma que actualmente presenta. Los segundos son visiones apocalípticas de desastres naturales y guerras, de castigos y purificaciones, de angustias y terror.

Veamos seguidamente algunas de dichas tradiciones y vaticinios sobre el fin de los tiempos.

La profecía de
san Malaquías

San Malaquías de Armagh o de Irlanda –nacido Maelm-
haedhoc O'Morgair– (1094-1148) fue un arzobispo católico
irlandés a quien se recuerda sobre todo por la profecía que,
supuestamente, le fue revelada durante un viaje a Roma realizado en 1139. Fue ordenado sacerdote en 1119 por san Celso,
y en 1123 le nombraron abad de Bangor. Un año después
adquirió la dignidad de obispo de Bangor y, en 1124, la de
primado de Armagh. En 1127 se convertiría en confesor del
príncipe Cormac MacCarthy de Desmond y, tras el saqueo de
Connor, establecería allí una comunidad monástica bajo la
tutela de Cormac, ahora rey. En 1132, tras la muerte de san
Celso, fue nombrado arzobispo de Armagh, en medio de
numerosas intrigas.

Fue un hombre de gran celo religioso. Su amigo san
Bernardo de Clairvaux nos recuerda que Malaquías restauró la
disciplina en el seno de la Iglesia de Irlanda, persiguió el paga-
nismo y restableció la moral católica, tras lo que dividió su sede
en Down y Connor, quedándose la primera, donde establecería

un priorato. A principios de 1139 viajaría a Roma a través de Escocia, Inglaterra y Francia, aprovechando para visitar a san Bernardo.

Al llegar a Roma, Malaquías se encuentra con una situación espantosa, con una jerarquía totalmente corrupta y el papado a merced de los señores italianos. Es en estos momentos cuando parece tener sus visiones proféticas, que imbuyeron gran moral al papa al hacerle sentir que la Iglesia católica de Occidente no estaba todavía en sus últimos momentos. Malaquías volvió a su tierra natal con los dos palios y la dignidad de primado de Irlanda. En 1142, estableció la gran abadía de Mellifont. Quiso volver a Roma en 1148, pero hallándose en Clairvaux, cayó enfermo y murió en brazos de san Bernardo el 2 de noviembre. Se le atribuyen múltiples milagros y fue canonizado por el papa Clemente III el 6 de julio de 1199.

San Bernardo, autor de su biografía, menciona los dones proféticos de Malaquías, así como varios de los milagros realizados por él. Pero ¿equivale esto a afirmar que realmente fue Malaquías el autor de la profecía sobre los papas? Muchos lo creyeron así; otros lo rechazaron. Lo cierto es que durante más de cuatrocientos años nadie oyó hablar de esta profecía.

En realidad, la profecía conocida como de san Malaquías se dio a conocer en 1595, cuando fue incluida en la obra de un monje benedictino de la ciudad de Douai, en el norte de Francia, llamado Arnold de Wyon, quien había escrito ya diversos tratados muy eruditos acerca de la historia de su orden. En 1595 editó su *Lignum vitae* (Árbol de la vida), dedicado al rey Felipe II de España y que consistía en una enumeración de los benedictinos que habían sido elevados a la dignidad episcopal. Tras relatar varios episodios de la vida de san Malaquías, que era uno de ellos, añade: «Escribió algunos opúsculos, de los que hasta hoy no he tenido la oportunidad de ver ninguno, excepto una profecía relativa a los soberanos pontífices. Como es muy breve, y que yo sepa no ha sido impresa todavía, pensando que a muchos les complacería conocerla, paso a copiar aquí su texto».

Siguen luego ciento once pequeños lemas o divisas que van desde el papa Celestino II (1143-1144) hasta un texto que anuncia el juicio final y el fin del mundo bajo el pontificado de un tal Pedro el Romano, que es el papa número ciento doce después de Celestino II. Estos «lemas» descriptivos de los papas pueden referirse a un símbolo de su país de origen, a su nombre, a su escudo de armas, a su talento o a cualquier otra circunstancia referente a ellos. Por ejemplo, el lema de Urbano VIII es *Lilium et Rosa*. Él era de Florencia, en cuyo escudo aparece un lirio.

Los setenta y cuatro primeros lemas, hasta Urbano VII (1590) iban seguidos de un breve comentario explicativo, firmado por un erudito dominico español, Alfonso Chacón, especialista en historia del papado.

En contra de la autenticidad de esta profecía se argumenta que el manuscrito original no se ha encontrado y que su primera publicación no ocurrió hasta el siglo XVI con el libro *Lignum Vitae*. Si san Malaquías es el autor, lo cierto es que la profecía estuvo desaparecida más de cuatrocientos años. También es extraño el silencio acerca de la profecía por parte de san Bernardo, amigo y biógrafo de san Malaquías, quien sin embargo, sí comenta sus otros escritos.

Según la hipótesis del abad Cucherat (1871), san Malaquías escribió la profecía en Roma, entre los años 1139 y 1140, mientras visitaba al papa Inocencio II para reportarle los asuntos de su diócesis, y le entregó su manuscrito al papa para consolarlo en sus tribulaciones. Y éste guardó el texto en los archivos romanos, donde quedó olvidado hasta su descubrimiento en 1590.

Algunos han opinado que Chacón fue el verdadero autor de todo el texto, y que habría abusado de la buena fe y de la credulidad de Arnold de Wyon. ¿Qué motivos le habrían empujado a ello? Los críticos afirman que influir en los cardenales reunidos en cónclave tras la muerte de Urbano VII para que eligieran papa al obispo de Orvieto, amigo de Chacón, el cardenal Simoncelli. Efectivamente, al sucesor de Urbano VII la profecía le atribuía como divisa *De antiqaitate urbis* (de la ciudad antigua), es decir, de Orvieto (topónimo que deriva de *urbs vetus*, ciudad antigua). Es posible, pero ni mucho menos seguro. A fin de cuentas, Simoncelli no resultó elegido, y en estas condiciones debemos preguntarnos qué razones habrían tenido estos eruditos para publicar cinco años después una profecía arreglada para las circunstancias que, por lo demás, había ya fracasado. Por otra parte, uno de los más respetados historiadores del mismo siglo XVI, Onofrio Panvinio, corregidor y revisor de la Biblioteca Vaticana en 1556, parece aceptar completamente la autenticidad de la profecía de Malaquías.

Además, existe otro hecho innegable. La profecía de los papas, ya desde su aparición, llegó a ser conocida en toda Europa, y suscitó un enorme interés, hasta el punto de que, entre los sabios de todas clases que se dedicaron a investigarla, la mayoría creyó en su autenticidad. ¿Se trataba realmente de la obra del obispo de Armagh, o de un texto fabricado a fines del siglo XVI? Parece difícil optar por una u otra afirmación, mientras no aparezcan pruebas contundentes en un sentido o en otro.

Pero queda por ver lo más interesante de todo. La última parte de la profecía, la que se refiere a los papas que fueron elegidos después de la impresión del libro en 1595. Tras esta fecha, efectivamente, no cabe ninguna posible falsificación: no se puede ya pensar que un bromista haya elaborado sus predicciones una vez acaecidos los hechos.

El asunto es que el posible significado de esta relación de lemas se hace ahora más interesante que nunca, cuando estamos en tiempos del papa número ciento once (Benedicto XVI) y su sucesor puede ser ya Pedro el Romano, el patriarca del desastre anunciado, durante cuyo pontificado tal vez se termine la historia del cristianismo o la del mundo entero, ya que los apocalípticos, desde san Juan, han unido el ocaso de la Iglesia de Roma con el fin del mundo y el Juicio Final.

Ésta es la lista de los papas con sus lemas correspondientes:

1. Celestino II, 1143-1144.   *Ex castro Tiberis* (Del castillo del Tíber). Celestino II nació en Citta de Castellis, en las orillas del Tíber.

2. Lucio II, 1144-1145.   *Inimicus expulsus* (El enemigo expulsado).

3. Eugenio III, 1145-1153.   *Ex magnitudine montis* (De la grandeza del monte). De Monte Magno nació en un castillo en Grammont (latín: *mons magnus*), su familia fue Montemagno.

4. Anastasio IV, 1153-1154.   *Abbas surranus* (El abad de Suburra).

5. Adriano IV, 1154-1159.   *De rure albo* (Del campo blanco). Nació en un pueblo en Saint-Alban.

6. Víctor IV (antipapa), 1159-1164.

Ex tetro carcere (De tétrica cárcel).

7. Pascual III (antipapa), 1164-1168.

Via trans-Tyberina (Vía transtiberina).

8.Calixto III (antipapa), 1170-1177.

De Pannonia Tusciae (De Panonia a Toscana).

9. Alejandro III, 1159-1181.

De Ansere custode (De la oca custodia).

10. Lucio III, 1181-1185.

Lux in ostio (La luz en la puerta).

11. Urbano III, 1185-1187.

Sus in cribo (El cerdo por la criba).

12. Gregorio VIII, 1187 (55 días).

Ensis Laurentii (La espada de Lorenzo).

13. Clemente III, 1187-1191.

De schola exiet (Venido de la escuela).

14. Celestino III, 1191-1198.

De rure bovensi (De campo de bueyes).

15. Inocencio III, 1198-1216.

Comes signatus (El conde de Segni). Descendiente de la familia noble de Segni. Su nombre era Lotario de Conti di Segni.

16. Honorio III, 1216-1227.

Canonicus es larere (Canónigo de Letrán). El canónigo de Letrán correspondería a Inocencio III por ser el impulsor del cuarto Concilio de Letrán.

17. Gregorio IX, 1227-1241.

Avis ostiensis (El ave de Ostia). Sobrino de Inocencio III. Antes de su elección, era cardenal de Ostia.

18. Celestino IV, 1241 (17 días).

Leo sabinus (El león sabino).

19. Inocencio IV, 1243-1254.

Comes laurentius (El conde de Lorenzo).

20. Alejandro IV, 1254-1261.

21. Urbano IV, 1261-1264.

22. Clemente IV, 1265-1268.

23. Gregorio X, 1271-1276.

24. Inocencio V, 1276 (5 meses).

25. Adriano V, 1276 (38 días).

26. Juan XXI, 1276-1277.

27. Nicolás III, 1277-1280.

28. Martín IV, 1281-1285.

29. Honorio IV, 1285-1287.

Signum ostiense (El signo de Ostia). Segni de Ostia.

Jerusalem campaniae (Jerusalén en Campania). Nativo de Troyes, Champagne, luego fue patriarca de Jerusalén.

Draco depresus (El dragón perdido).

Anguineus vir (El varón de la culebra).

Conciunator gallus (El predicador de Francia). Nació en Francia y cuando era joven abandonó su riqueza para entrar en la Orden de los Predicadores.

Bonus comes (El buen conde). Sobrino de Inocencio IV (apodado por Malaquías el conde de Lorenzo).

Piscator tuscus (El pescador toscano).

Rosa composita (La rosa compuesta).

Ex telonio liliacei Martini (Del recaudador de Marrín de lis).

Ex osa leonina (De la rosa del león). Accediendo a sus deseos, excomulgó al emperador Miguel VIII el Paleólogo en 1281 y rompió así los lazos establecidos entre la Iglesia oriental y la occidental en 1274 en el Concilio de Lyon.

30. Nicolás IV, 1288-1292.

31. Celestino V, 1294 (5 meses).

Picus inter escas (El pico en la comida).

Ex eremo celsus (Elevado desde ermitaño). Se convirtió en un ermitaño en el monte Murrone, pero luego se fue al monte Majella y permaneció allí varios años.

32. Bonifacio VIII, 1294-1303.

Ex undarum benedictione (De la bendición de las olas).

33. Benedicto XI, 1303-1304.

Concionator patareus (El predicador de Patara).

34. Clemente V, 1305-1314.

De fasciis Aquitanicis (De las bandas de Aquitania). Fue arzobispo de Burdeos en Aquitania.

35. Juan XXII, 1316-1334.

De surore osseo (Del zapatero de Ossa). El nombre de la familia fue Ossa, hijo de un zapatero.

36. Nicolás V (antipapa), 1316-1333.

Corvus schismaticus (El cuervo cismático).

37. Benedicto XII, 1334-1342.

Abbas frigidus (El abad frío). Estuvo en un monasterio en Frontfroid (frente frío).

38 Clemente VI, 1342-1352.

Ex rosa Atrebatensi (De la rosa de Arrás).

39. Inocencio VI, 1352-1362.

De montibus Pammachii (De los montes Pammacos - Luchador de los montes).

40. Urbano V, 1362-1370.

Gallus vicecomes (Vizconde francés).

41. Gregorio XI, 1370-1378. *Novus de virgine forti* (El nuevo de virgen fuerte). Conde de Beaufort, luego cardenal de Santa María la Nueva.

42. Clemente VII (antipapa), 1378-1394. *De cruce apostolica* (De la cruz de los apóstoles).

43. Benedicto XIII (antipapa), 1394-1424. *Luna cosmedina* (La luna de Cosmedin).

44. Clemente VIII (antipapa), 1424-1429. *Schisma Barcinonum* (El cisma de Barcelona).

45. Urbano VI, 1378-1389. *De inferno praegnante* (Del infierno preñado).

46. Bonifacio IX, 1388-1404. *Cubus de mixtione* (Cubo de mezcla).

47. Inocencio VII, 1404-1406. *De meliore sidere* (De la estrella de Melior).

48. Gregorio XII, 1406-1415. *Nauta de ponto nigro* (Marino de Negro-ponto, Mar Negro).

49. Alejandro V, 1409-1410 (¿antipapa?). *Flagellum solis* (El azote del sol).

50. Juan XXIII (antipapa), 1410-1419. *Cervus sirenae* (El ciervo de la sirena).

51. Martín V, 1417-1431. *Corona veli aurei* (La corona del velo de oro).

52. Eugenio IV, 1431-1447. *Lupa Caelestina* (La loba Celestina).

53. Félix V (antipapa), 1439-1449. *Amator crucis* (El amante de la cruz).

54. Nicolás V, 1447-1455. *De modicitate lunae* (De la mediocridad de la luna).

55. Calixto III, 1455-1458.   *Bos pascens* (El buey que pace).
                                 El escudo de Alphonse Borgia
                                 llevaba un buey comiendo pasto.

56. Pío II, 1458-1464.   *De capra et albergo* (De la cabra
                                 y del albergue).

57. Pablo II, 1464-1471.   *De cervo et leone* (Del ciervo y
                                 el león).

58. Sixto IV, 1471-1484.   *Piscator minorita* (Pescador
                                 menor).

59. Inocencio VIII, 1481-1492. *Praecursor Siciliae* (El precursor
                                 de Sicilia).

60. Alejandro VI, 1492-1503.   *Bos albanus in portu* (El buey
                                 albano en el puerto).

61. Pío III, 1503 (26 días).   *De parvo homine* (Del hombre
                                 pequeño).

62. Julio II, 1503-1513.   *Fructus Jovis juvabit* (El fruto de
                                 Júpiter agradará).

63. León X, 1513-1521.   *De craticula Politiana* (De la
                                 parrilla de Politiano).

64. Adriano VI, 1522-1523.   *Leo Florentius* (El león de
                                 Florencia).

65. Clemente VII, 1523-1534.   *Flos pilae aegrae* (La flor de las
                                 débiles columnas).

66. Pablo III, 1534-1549.   *Hyacinthus medicorum* (El jacin-
                                 to de los médicos).

67. Julio III, 1550-1555.   *De corona montana* (De la coro-
                                 na del monte).

68. Marcelo II, 1555 (22 días). *Frumentum floccidum* (El trigo
                                 marchito).

69. Pablo IV, 1555-1559.   *De fide Petri* (De la fe de Pedro).

70. Pío IV, 1559-1565.   *Aesculapii farmacum* (El fárma-
                                 co de Esculapio).

La profecia de san Malaquias

71. Pío V, 1566-1572.

72. Gregorio XIII, 1572-1585.

73. Sixto V, 1585-1590.

74. Urbano VII, 1590 (13 días).

75. Gregorio XIV, 1590-1591.

76. Inocencio IX, 1591 (63 días).

77. Clemente VIII, 1592-1605.

78. León XI, 1605 (27 días).

79. Pablo V, 1605-1621.

80. Gregorio XV, 1621-1623.

81. Urbano VIII, 1623-1644.

82. Inocencio X, 1644-1655.

83. Alejandro VII, 1655-1667.

84. Clemente IX, 1667-1669.

85. Clemente X, 1670-1676.

86. Inocencio XI, 1676-1689.

87. Alejandro VIII, 1689-1691.

Angelus nemorosus (El ángel de los bosques).

Medium corpus pilarum (El cuerpo en medio de las columnas).

Axis in medietate signi (El eje en medio del signo).

De rore coeli (Del rocío del cielo).

Ex antiquitate urbis (De la antigüedad de la ciudad).

Pia civitas in bello (La piadosa ciudad en la guerra).

Crux Romulea (La cruz de Rómulo).

Undosus vir (El varón ondulado).

Gens perversa (El pueblo perverso).

In tribulatione pacis (En la tribulación de la paz).

Lilium et rosa (El lirio y la rosa).

Jucunditas crucis (La exaltación de la cruz).

Montium custos (El guardián de los montes).

Sidus olorum (La estrella de los cisnes). Antes de su elección, aparentemente fue ocupante de la Capilla de los Cisnes en el Vaticano.

De fulmine magno (Del gran río).

Bellua insatiabilis (La bestia insaciable).

Poenitentia gloriosa (La penitencia gloriosa).

53

88. Inocencio XII, 1691-1700.

89. Clemente XI, 1700-1721.

90. Inocencio XIII, 1721-1724.

91. Benedicto XIII, 1724-1730.

92. Clemente XII, 1730-1740.

93. Benedicto XIV, 1740-1758.

94. Clemente XIII, 1758-1769.

95. Clemente XIV, 1769-1774.

96. Pío VI, 1775-1799.

97. ¿Pío VII?, 1800-1823.

98. León XII, 1823-1829.

99. Pío VIII, 1829-1830.

100. Gregorio XVI, 1831-1846.

101. Pío IX, 1846-1878.

102. León XIII, 1878-1903.

103. Pío X, 1903-1914.

Rastrum in porta (El rastrillo en la puerta).

Flores circumdati (Flores rodeadas).

De bona religion (De la buena religión).

Miles in bello (El soldado en la guerra).

Column excelsa (Columna excelsa).

Animal rurale (El animal rural).

Rosa Umbriae (La rosa de Umbría).

Ursus velox (El oso veloz).

Peregrinus apostolicus (El peregrino apostólico).

Aquila rapax (El águila rapaz).

Canis et coluber (El perro y la serpiente).

Vir religiosus (El varón religioso).

De balnes Etruriae (De los baños de Etruria). Antes de su elección fue miembro de una orden fundada en Saint Romuald, Balneo, en Etruria.

Crux de cruce (La cruz de las cruces).

Lumen in caelo (La luz en el cielo).

Ignis ardens (El fuego ardiente). Predijo que una gran guerra comenzaría en 1914. Algunos meses antes de su muerte se inició la Primera Guerra Mundial.

104. Benedicto XV, 1914-1922.   *Religio despopulata* (La religión despoblada).

105. Pío XI, 1922-1939.   *Fides intrepida* (La fe intrépida). Luchó por la paz en un mundo fascista y comunista. Ofreció su vida por la paz del planeta.

106. Pío XII, 1939-1958.   *Pastor angelicus* (El pastor angélico). Era llamado el pastor de las almas.

107. Juan XXIII, 1958-1963.   *Pastor et nauta* (Pastor y navegante). Antes de su elección fue patriarca de Venecia, una ciudad marítima, hogar de las góndolas.

108. Pablo VI, 1963-1978.   *Flos florum* (La flor de las flores).

109. Juan Pablo I.   *De medietate lunae* (De la mitad de la luna).

110. Juan Pablo II, 1978-2005   *De labore solis* (De los trabajos del sol).

111. Benedicto XVI   *De gloria olivae* (De la gloria del olivo).

Pedro el Romano

Pedro el Romano carece de lema. En su lugar, Malaquías –o el autor de la profecía– plasmó lo siguiente: *In persecutione extrema sacrae romanae ecclesiae, sedebit petrus romanus qui pascet oves in multis tribulationibus; quibus transactis, civitas septicollis diruetur, et judex tremendus judicabit populum* (En la última persecución de la Santa Iglesia Romana tendrá su sede Pedro el Romano, que hará pacer sus ovejas entre muchas tribulaciones; tras las cuales, la ciudad de las siete colinas será derruida, y el juez tremendo juzgará al pueblo). Veamos los lemas de los últimos papas:

Juan XXIII (1958-1963).- *Pastor et nauta* (Pastor y navegante): «pastor», que va bien a cualquier papa, en este caso se vincula a la convocatoria del Concilio Vaticano II, y «navegante» se debe a que fue cardenal y patriarca de Venecia, ciudad de las góndolas.

Juan Pablo I (1978).- *De meditate lunae* (De la mitad de la luna): su pontificado duró veintiocho días, de una media luna a la siguiente. Otra explicación recurre al significado de su nombre: Albino (blanco) y Luciani (luz) se referirían a la luz de la luna, que es blanca.

Juan Pablo II (1978-2005).- *De labore solis* (De los trabajos del Sol): nació durante un eclipse solar, aunque el eclipse fue parcial y no se vio en Polonia. Falleció con otro eclipse, también parcial, que sólo se avistó en algunos países de Sudamérica. Se destaca también que fue un papa llegado del Este, donde «nace» el sol. Asimismo, sus innumerables viajes por todo el globo lo equiparan al astro rey, que constantemente está rodeando al mundo. Además, su país de origen, Polonia, es donde por primera vez se presentó al mundo la teoría heliocéntrica.

Benedicto XVI (2005-?).- *De gloria olivae* (de la gloria del olivo). Según la profecía, el sucesor de Juan Pablo II debería ser un pontífice de un país productor de aceite, un benedictino –la orden «olivetana»–, o bien de origen judío –el olivo simboliza al «pueblo elegido»–. La elección de Joseph Ratzinger no ponía, en principio, fácil a los partidarios de la autenticidad de la profecía de san Malaquías casar al nuevo papa con el lema que le corresponde según el augurio. *De gloria olivae* es un dístico ideal para un nativo de cualquier país olivarero, pero difícilmente encaja en la biografía de un alemán, por mucho que sea de origen campesino. Además, si el pontífice hubiera hablado del olivo o de la paz durante su primera comparecencia pública, su identificación con la divisa habría sido automática; sin embargo, únicamente se presentó como «un humilde trabajador de la viña del Señor». ¿Cómo, pues, conecta «de la gloria del olivo», el lema del penúltimo papa antes del fin de los tiempos, con Josep Ratzinger? Sin embargo, una vez más, la profecía se ha cumplido a la perfección: no es por su país de origen ni por su etnia, sino por el nombre que ha elegido como papa: Benedicto. Esta denominación, como venimos diciendo, le liga con san Benito, fundador de la orden benedictina, conocida como la orden «olivetana» por haber sido fundada precisamente en el monte de los Olivos.

Teniendo en cuenta la edad de Benedicto XVI (cerca de los ochenta años al publicarse este libro), no es descabellado pensar que en el 2012 esté sentado en la sede del Vaticano un nuevo papa, el último de la serie, denominado por Malaquías «Pedro el Romano» y durante cuyo pontificado tendrían lugar los terribles sucesos mencionados en esta famosa profecía.

Y ya que estamos en asuntos eclesiásticos, vamos a seguir con otra profecía no menos famosa: el Tercer Secreto (o Tercer Mensaje) de Fátima.

El tercer mensaje de
Fátima

El 13 de octubre de 1917, después de una serie de apariciones, la Virgen se presentó por última vez a los pastorcillos de Fátima, Lucía, Jacinta y Francisco, revelándole a la primera un mensaje de grandísima importancia para el futuro de la humanidad y dando como prueba de su autenticidad divina el «Milagro del Sol», visto por millones de personas y registrado en los medios de comunicación de la época con el aval de testigos cualificados y nada crédulos. El mensaje, que se divide en tres partes, fue llevado a Roma y la Iglesia decidió mantener en secreto la tercera de ellas. Se esperaba su divulgación para el año 1960 pero, llegado aquel momento, el papa decidió mantenerlo todavía oculto. No obstante, el diario alemán *Neues Europa* del 15 de octubre de 1963 afirmó conocer, a través de una indiscreción diplomática, que el «documento» habría sido enviado por la autoridad vaticana a los diplomáticos de los EE. UU., la URSS e Inglaterra, considerando que el conocimiento de este mensaje era indispensable.

Casi cuarenta años después, en la mañana del 13 de mayo del 2000, el papa Juan Pablo II le encomienda al secretario de Estado, el cardenal Angelo Sodano, anticipar una síntesis del contenido del «Tercer Mensaje de Fátima», que debería ser revelado íntegramente en las siguientes semanas por el cardenal Joseph Ratzinger, prefecto de la congregación de la doctrina de la fe, antes Santo Oficio. «El Tercer Mensaje de Fátima –anunció entonces Sodano– constituye una visión profética comparable a la de las Sagradas Escrituras; la visión concierne sobre todo a la lucha de los sistemas ateos contra la Iglesia y los cristianos, y describe el enorme sufrimiento de los testigos de la fe del último siglo del segundo milenio. Es un interminable Vía Crucis guiado por los papas del siglo XX», y continuó explicando que el famoso Mensaje contiene la previsión del atentado al papa, la conversión de Rusia y el relato de la visión de Jacinta.

Sin embargo, lo divulgado el 26 de junio por el cardenal Joseph Ratzinger, futuro papa Benedicto XVI, no convenció a casi nadie y mucho menos a quienes algo sabían acerca de los mensajes de Fátima. El padre Paul Kramer, sacerdote católico perteneciente al Centro Mundial de Fátima, con una exposición precisa y bien documentada, demostró que el Vaticano, a través del cardenal Ratzinger, había camuflado el contenido del Tercer Mensaje de Fátima. Entre las evidencias presentadas por el padre Kramer se halla una famosa carta de sor Lucía del 12 de mayo de 1982, en la que, escribiendo al papa exactamente un año después del atentado en la plaza de San Pedro, le dice que la parte final de la profecía de Fátima no se ha cumplido todavía. Sin embargo, el cardenal Ratzinger declaró sin empacho que sí se había realizado. «La visión descrita en el texto, en relación con una escena en la que el papa es golpeado de muerte por un grupo de soldados, la misma suerte les toca luego a obispos, sacerdotes... que son fusilados uno a uno después de haber atravesado una ciudad semidestruida. Todo esto, evidentemente no tiene nada que ver con el atentado al papa Juan Pablo II, quien no fue golpeado de muerte por Ali Agca.» Las siguientes incoherencias y contradicciones ciertamente parecen demostrar que estamos asistiendo a una tentativa vaticana de camuflar la verdad del Tercer Mensaje de Fátima:

— En sus memorias, Lucía dice que el texto del Tercer Mensaje lo escribió en una hoja de papel. El cardenal Ottaviani y otros testificaron igualmente que estaba redactado en un folio. Por su parte, el obispo de Fátima manifestó que, a través del sobre, se podía ver que el texto ocupaba veinticuatro o veinticinco líneas escritas en una hoja de papel. ¿Cómo se explica que la versión dada a conocer oficialmente el 26 de junio del 2000 ocupe sesenta y cuatro líneas y se extienda en cuatro hojas? Todo parece indicar que el Vaticano escamoteó la que contenía las palabras de la Virgen, publicando únicamente los comentarios de la niña.

— En sus memorias, Lucía incluye una parte del mensaje de Fátima que cita las palabras de la Virgen: «En Portugal, el dogma de la fe se mantendrá para siempre, etc.». La inclusión de este «etc.» por parte de Lucía nos dice claramente que la Virgen le dijo más cosas; sin embargo, el fragmento del Tercer Mensaje difundido por el Vaticano el día 26 de junio del año 2000 no contiene palabra alguna de la Virgen.

— En el mismo tenor, un comunicado de prensa difundido en 1960 referente al Tercer Mensaje hace referencia a «las palabras de la Virgen» ¿Cómo, entonces, en lo publicado el día 26 de junio del 2000 no hay palabra alguna de la Virgen?

— En 1984, en una entrevista concedida a la revista *Jesús*, el propio cardenal Ratzinger manifiesta que el Tercer Mensaje se refiere a «peligros para la Fe y la vida de los cristianos y, por ello, para la vida en el mundo» así como a la importancia de los «últimos tiempos» ¿Cómo es que en el texto publicado en junio del 2000 no se hace ninguna referencia a ello?

— El portavoz papal, Joaquín Navarro-Valls, manifestó a la prensa portuguesa que el pontífice había leído el Tercer Mensaje de Fátima en 1978, a los pocos días de ser nombrado papa. Sin embargo, en las declaraciones oficiales del Vaticano a la hora de difundir la visión y los comentarios de Lucía como si fueran la totalidad del Tercer Mensaje, se dice que el papa lo leyó por primera vez tras el intento de asesinato ocurrido en 1981. Otra incongruencia más.

— Tanto Lucía como otros describieron el texto del Tercer Mensaje como con forma de carta. Sin embargo, lo publicado oficialmente por el Vaticano no presenta esa forma, pues no está dirigido a nadie ni contiene saludo alguno. ¿Cómo se explica esta discrepancia?

— Si el Mensaje –publicado en junio del 2000– se refiere únicamente al intento de asesinato sufrido por el papa en 1981, ¿por qué el Vaticano siguió posteriormente manteniéndolo en secreto durante diecinueve años?

— Si el Tercer Mensaje menciona tan sólo al intento de asesinato y a otros sucesos ya pasados, tal como manifestó en el 2000 el entonces cardenal Ratzinger, ¿qué explicación tiene el hecho de que Lucía escribiera en 1982 al papa, un año después del intento de asesinato, diciéndole que el Tercer Mensaje no se había cumplido todavía y que el mundo se encaminaba hacia lo indicado por la Virgen, a menos que se apartase del pecado?

— ¿Qué explicación hay para el hecho de que, en la carta citada, Lucía no haga mención alguna del intento de asesinato, cuando según la versión oficial del Vaticano, ése es casi todo el contenido del mensaje de la Virgen?

— Si el contenido del Tercer Mensaje ya había sido publicado en su totalidad en junio del 2000, ¿por qué se obligó a Lucía a mantener silencio acerca de él hasta su muerte?

El padre Kramer observó también que el comunicado con el que el Vaticano anunciaba en 1960 la decisión de anular la publicación del Mensaje prevista para aquel año hacía referencia explícita a que no era oportuno revelar «las palabras de la Virgen» contenidas en el texto del Mensaje mismo. «Sin embargo, el texto del Tercer Mensaje difundido en junio del 2000 no contiene ninguna otra palabra pronunciada por la Virgen. Este hecho no puede hacer más que dejarnos seriamente perplejos.»

El padre Nicholas Gruner, guía espiritual del Centro de Fátima, dijo que el Centro difundirá «dentro de poco tiempo» un documento más completo sobre el Tercer Mensaje. «El cardenal Ratzinger afirmó en su momento que la Iglesia no tiene intención de imponer una particular interpretación del Tercer Mensaje, pero que él se había limitado a ofrecer su comentario. Se trata, en efecto, de una incongruencia, dado que la interpretación ofrecida por el Vaticano abre muchos más interrogantes de los que resuelve.»

El Centro de Fátima, editor de *The Fatima Crusader*, es el más importante apostolado mundial dedicado a Fátima y lucha por la difusión integral del Mensaje. En www.fatima.org se puede obtener mas información sobre él y sobre lo que afirmaron con anterioridad el papa Juan Pablo II y el cardenal Oddi respecto a sus contenidos, y a las declaraciones del padre

Joseph de Sainte-Marie y el obispo Graber sobre la obligación de obedecer el Mensaje de Fátima. Incluye también una entrevista al padre Kramer, en la que explica la necesidad de la difusión de una copia fotográfica del texto autografiado original del Tercer Mensaje escrito por sor Lucía. Igualmente, se puede consultar un informe verídico del «Milagro del Sol» ocurrido en Fátima el 13 de octubre de 1917.

Texto real del Tercer Mensaje de Fátima

«No tengas temor, querida pequeña. Soy la Madre de Dios, que te habla y te pide que hagas público para el mundo entero el presente Mensaje. Al hacerlo, encontrarás fuertes resistencias. Escucha bien y pon atención a lo que te digo: los hombres deben corregirse. Con humildes súplicas, deben pedir perdón por los pecados cometidos y que pudiesen cometer. Tú deseas que Yo te dé una señal para que cada uno acepte Mis palabras que, a través de ti, digo al género humano. Has visto el prodigio del Sol y todos, creyentes, incrédulos, campesinos, ciudadanos, sabios, periodistas, laicos, sacerdotes, todos lo han visto. Y ahora proclama en Mi Nombre: un gran castigo caerá sobre el género humano entero, no hoy, ni mañana, sino en la segunda mitad del siglo XX. Ya se lo había revelado a los niños Melania y Maximino, en "La Salette", y hoy te lo repito a ti porque el género humano ha pecado y pisoteado el presente que le otorgara. En ninguna parte del mundo hay orden y Satanás reina sobre los más altos puestos determinando el andar de las cosas. Él, efectivamente, logrará introducirse hasta la cúspide de la Iglesia; tratará de seducir a los espíritus de los grandes científicos que inventan las armas, con las cuales será posible destruir en pocos minutos

gran parte de la humanidad. Tendrá en su poder a los Poderosos que gobiernan a los pueblos y los instigará a fabricar una enorme cantidad de estas armas. Entonces vendrá el día en que Dios castigará a los hombres con mayor severidad de la que utilizó en el diluvio. Vendrá el tiempo de todos los tiempos y el fin de todos los fines si la humanidad no se convierte, y si todo quedase como hasta ahora, o peor, agravándose en mayor medida, los grandes y los poderosos perecerán junto a los pequeños y a los débiles. También para la Iglesia vendrá el tiempo de sus más grandes pruebas: cardenales se opondrán a cardenales; obispos a obispos; Satanás caminará en medio de sus filas y en Roma habrá cambios. Lo que está podrido caerá y lo que caerá nunca se levantará. La Iglesia será ofuscada y el mundo envuelto por el terror. Tiempo vendrá que ningún rey, emperador, cardenal u obispo esperará a Aquel que por cierto vendrá, pero para castigar según los designios de Mi Padre. Una gran guerra se desencadenará. Fuego y humo caerán del cielo, las aguas de los océanos se convertirán en vapor y la espuma se alzará devastando y hundiéndolo todo. Millones y millones de hombres perecerán de hora en hora, y aquellos que queden con vida envidiarán a los muertos. Por todas las partes a las que se vuelva la mirada, habrá angustia, miseria, ruinas en todos los países. ¿Ves? El tiempo se avecina cada vez más y el abismo se engrandece sin esperanza. Los buenos perecerán junto a los malos, los grandes con los chicos, los Príncipes de la Iglesia con sus fieles y los reyes con sus pueblos. Habrá muerte por todas partes a causa de los errores cometidos por los insensatos y por los partidarios de Satanás, el que entonces, y sólo entonces, reinará sobre el mundo. Al final, cuando aquellos que sobrevivan queden aún con vida, proclamarán nuevamente a Dios y a Su Gloria, y lo servirán como en otro tiempo, cuando el mundo no era tan pervertido. Ve, mi pequeña, y proclámalo. Yo a tal fin estaré siempre a tu lado para ayudarte.»

Éste es el profundo e inquietante texto del Tercer Mensaje dado por la Virgen María a Lucía en su aparición en Fátima. Un mensaje durísimo proporcionado a un mundo que incrementa su maldad, tal como la Virgen lo profetizó. Un mundo en donde los científicos inventan armas cada vez más poderosas, capaces de destruir a millones de seres humanos minuto a minuto. Un mundo donde no existe orden y la corrupción reina sobre los más altos puestos determinando el andar de las cosas y afectando incluso a la más alta jerarquía de la Iglesia. Posiblemente, el hecho de que el mensaje ponga en evidencia la podredumbre de la propia Iglesia haya tenido que ver con su ocultación, más que el temor de que los fieles fuesen presa del pánico ante el anuncio de guerras y calamidades. Y ciertamente la segunda mitad del siglo XX ya concluyó; sin embargo, a la vista de otras profecías del mismo tipo, parecería descabellado descartar que los acontecimientos mencionados en el Mensaje de Fátima no tengan que ver con lo que pueda ocurrir en el 2012, sea lo que sea.

Otras profecías de fieles y
personalidades de la Iglesia

Dentro de la Iglesia, podemos decir que son casi innumerables las personas que –de una forma u otra– han sido receptoras de mensajes proféticos referentes al final de la presente era. Usualmente son transmitidos por la Virgen, pero también pueden proceder de Jesús, un ángel, un arcángel o algún santo. Las constantes en estos mensajes eclesiásticos suelen ser la necesidad de oración, de penitencia y arrepentimiento, el anticristo y el advenimiento de tres días de oscuridad total durante los cuales sólo las velas bendecidas podrán arder. También, la desaparición de gran parte de la humanidad –usualmente tres cuartas partes– y, después, el inicio de una época de paz y bienaventuranza. Los siguientes son algunos profetas y profetisas eclesiásticos.

La beata Ana María Taigi
(1769-1837)

Nació en Sena de Toscana. Vivió en humilde sencillez, atendiendo a un hogar pobre y con siete hijos, viéndose obligada en varias ocasiones a sostener la casa con sus labores de costura, cuando su marido se quedaba sin trabajo. Fue una mujer de gran carisma y dones extraordinarios. El cardenal Pedicini refiere en declaración jurada los portentos que él presenció, y que pueden ser consultados en el proceso de su beatificación. Dice el citado cardenal que Ana María Taigi veía los pensamientos más secretos de las personas presentes o ausentes, los acontecimientos de los siglos pasados y la vida que llevaban los más importantes personajes. Podría decirse que este don era la omnisciencia, el conocimiento de todas las cosas en Dios, en la medida en que la inteligencia humana es capaz en esta vida. Y agrega el cardenal: «Me siento impotente para descubrir las maravillas de quien fui confidente durante treinta años». El decreto de beatificación la señala como «prodigio único en los fastos de la Santidad».

Entre otras cosas predijo la abdicación de Carlos IV, rey de España, la caída de Napoleón y la fecha en que sería liberado el papa Pío VII. Tuvo una visión de las almas que caen al infierno: «Como los copos de nieve en pleno invierno» (curiosamente, esas mismas palabras fueron dichas por santa Teresa de Jesús, sor Josefa de Menéndez, san Leonardo de Porto y otros). Según Ana María Taigi, Nuestro Señor le anunció que:

«Después de purificar al mundo y a su Iglesia, y de arrancar de cuajo toda la mala hierba, preparaba un renacimiento, un milagroso triunfo de su misericordia, y su mano todopoderosa volverá a imponer el orden ahí donde es impotente el esfuerzo humano.

»Dios enviará dos castigos: uno en forma de guerras, revoluciones y peligros originados en la Tierra, y otro enviado del Cielo. Vendrá sobre la Tierra una oscuridad intensa que durará tres días y tres noches. Nada será visible, y el aire se volverá pestilente y nocivo, y dañará, aunque no exclusivamente, a los enemigos de la religión.

»Durante los tres días de tinieblas la luz artificial será imposible; sólo las velas benditas alumbrarán. Durante estos días de tinieblas los fieles deben permanecer en sus casas rezando el Santo Rosario y pidiendo a Dios misericordia.

»Millones de hombres morirán por el hierro, unos en guerra, otros en industrias civiles; otros millones perecerán de muerte imprevista. A esta prueba le seguirá un renacimiento universal. Este cambio ocurrirá cuando parezca que la Iglesia ha perdido los medios humanos de hacer frente a las persecuciones».

Teresa Neumann
(1898-1962)

Es, probablemente, la más famosa estigmatizada de nuestro tiempo. Nacida en el seno de una familia católica muy pobre, a lo largo de su existencia revivió la Pasión de Cristo cada viernes y durante treinta y seis años su único alimento fue la comunión. Además, poseía el don de la bilocación e incluso desarrolló una gran capacidad para la clarividencia y la telepatía.

Teresa nace en una pequeña localidad de Baviera, el 8 de abril de 1898, siendo la mayor de once hermanos. Desde muy pequeña ayuda a su madre en las labores del campo hasta que, a los trece años, comienza a trabajar en una factoría. Un día se desata un incendio en una fábrica cercana y ella colabora en las labores de extinción. Mientras acarrea baldes de agua, sufre un pequeño accidente que le produce una luxación en la espina dorsal, lo cual la obliga a estar en reposo un par de días. Con aquel incidente se inicia una penosa enfermedad saturada de extrañas reacciones: mucho dolor, pérdida de la vista y parálisis progresiva, que desembocarán en una ceguera e inmovilidad totales. Tiene veintiún años, y tras cuatro de sufrimiento, comienzan a presentarse los primeros sucesos «milagrosos» de su vida cuando, el 24 de abril de 1923, día de la beatificación de santa Teresa de Lisieux, ésta se le aparece y la enfermedad empieza a retroceder. El 29 de abril recobra repentinamente la visión y dos años después el uso de ambas piernas, tal y como le había prometido la santa.

Los primeros estigmas aparecen en vísperas de la pascua de 1926. La joven, de sólo veintiocho años, tiene la visión de Jesús en el huerto de los Olivos y pronto nota un inmenso dolor en el costado. Cuando vuelve en sí, el pecho le sangra copiosamente. Las visiones se repiten y se amplían, sumándose a la primera las de la flagelación, la imposición de la Corona de Espinas, el Vía Crucis, etc., mientras los estigmas le surgen también en las manos, los pies y el cuero cabelludo.

Desde ese momento Teresa revive cada viernes, en tiempo real, la Pasión de Cristo. Curiosamente, las heridas reaccionan mal a todo tipo de cura, pero con el paso del tiempo una especie de piel transparente se va formando sobre ellas de manera que Teresa puede lavarse y usar normalmente las manos y los pies; sin embargo, el dolor es continuo.

Su único alimento es la comunión y, aunque los expertos tratan de explicar cómo es posible que sobreviva de esa forma, no pueden hacerlo. Como tampoco su capacidad para expresarse en lenguas desconocidas para ella (latín, portugués o arameo). La fama de Teresa Neumann se incrementa y son numerosas las personas que cada viernes acuden a su casa a presenciar esta particular «Pasión». Tiene también la capacidad de asumir enfermedades y penas ajenas en su propia carne y espíritu. Incluso cuando usa el don de la bilocación, lo hace para ayudar a los demás. Muere el 18 de septiembre de 1962 a consecuencia de un ataque cardíaco. Durante cinco días su cuerpo es expuesto, sin sufrir ningún signo de descomposición. Es sepultada en presencia de numerosas personas en el pequeño cementerio de su pueblo natal y su tumba constituye hoy un importante lugar de peregrinación. La siguiente es una revelación recibida por Teresa Neumann en 1952:

«Está próximo a caer sobre el mundo un castigo terrible, que excederá a cuanto haya acontecido en la historia de la humanidad, y que el mismo señor Jesucristo calificó como un juicio final en miniatura».

Padre Pío de Pietrelcina
(1887-1968)

El padre Pío es uno de los más grandes místicos de nuestro tiempo. Sacerdote capuchino, celebró su primera misa el 10 de agosto de 1910. Ocho años más tarde, el 20 de septiembre de 1918, aparecieron visiblemente las llagas de Nuestro Señor en sus manos, pies y costado izquierdo del pecho, haciendo del padre Pío el primer sacerdote estigmatizado en la historia de la Iglesia (san Francisco de Asís no era sacerdote). Fue heroico en su apostolado sacerdotal, que duró cincuenta y ocho años. Grandes multitudes, de todas las nacionalidades, pasaron por su confesionario. Las conversiones fueron innumerables. Diariamente recibía centenares de cartas de fieles, que pedían su consejo iluminado y su dirección espiritual, que siempre ha significado un retorno a la serenidad, a la paz espiritual y al coloquio con Dios. Famoso confesor, el padre Pío pasaba hasta dieciséis horas diarias en el confesionario. Algunos debían esperar dos semanas para lograr confesarse con él. Sus misas conmovían a los fieles por su profunda devoción. Toda su vida no fue más que una continua oración y penitencia, lo cual no impedía que sembrase a su alrededor felicidad y gran alegría entre aquellos que escuchaban sus palabras, llenas de sabiduría y de un extraordinario sentido del humor. Éste es uno de los mensajes recibidos por el padre Pío:

«Precedido de tormentas, vientos desencadenados y terribles terremotos, que abrirán la tierra y la harán temblar, yo vendré una noche, durante los fríos meses de invierno, a este mundo cargado de pecados: rayos y centellas, salidos de incandescentes nubes, encenderán y reducirán a cenizas todo lo que está contaminado por el pecado. La destrucción será total. El aire envenenado de gases sulfurosos, y levantando asfixiantes humaredas, será llevado a grandes distancias por las ráfagas del viento. Las obras erigidas por el hombre con espíritu loco y atrevido de adoración a sí mismo, queriendo demostrar su ilimitado poder, serán aniquiladas. Entonces la raza humana comprenderá que existe una voluntad muy superior a la suya, que destruirá sus vacíos alardes de vanagloria. Rápidamente, cerrad vuestras puertas y ventanas, tapad toda vista del mundo exterior durante el más terrible de los acontecimientos; no profanéis vuestra vista con miradas curiosas porque santa, santa es la ira de Dios. La tierra será purificada para vosotros, los restos del fiel rebaño.

»Perseverad por una noche y un día y por una noche y un día, y a la siguiente noche se calmarán los terrores... Al amanecer del próximo día el sol brillará otra vez, y su calor y su luz disiparán los horrores de la oscuridad. Aceptad la nueva vida con humilde gratitud. Vividla con sencillez y gratitud en paz y amor, según mi intención. Orad y sacrificaos para que vuestro sacrificio produzca abundantes frutos de bendición y para que florezca una raza nueva que alegre vuestros corazones...».

El siguiente mensaje, tomado de su testamento, fue distribuido por los sacerdotes franciscanos a todos los grupos de oración católicos en el mundo, en la Navidad de 1990:

«La hora del castigo está próxima, pero yo manifestaré mi misericordia. Vuestra época será testigo de un castigo terrible. Mis ángeles se encargarán de exterminar a todos los que se ríen de mí y no creen a mis profetas. Huracanes de fuego serán lanzados por las nubes y se extenderán sobre toda la tierra.

»Temporales, tempestades, truenos, lluvias ininterrumpidas y terremotos cubrirán la tierra. Por espacio de tres días y tres noches una lluvia de fuego seguirá... Los que creen y esperan en mi palabra no tendrán nada que temer, porque yo no los abandonaré, lo mismo que los que escuchen mis mensajes. Ningún mal herirá a los que se hallan en estado de gracia y buscan la protección de mi Madre.

»A vosotros, preparados para esta prueba, quiero dar señales y avisos. La noche será muy fría, surgirá el viento, se harán [...] Y truenos.

»Cerrad todas las puertas y ventanas. No habléis con ninguna persona fuera de la casa. Arrodillaos ante vuestro crucifijo. Arrepentíos de vuestros pecados. Rogad a mi Madre, para obtener su protección. No miréis hacia fuera mientras la tierra tiembla, porque el enojo de mi Padre es santo. La vista de su ira no la podríais soportar vosotros.

»Los que no presten atención a esta advertencia serán abandonados e instantáneamente matados por el furor de la cólera divina. El viento transportará gases envenenados que se difundirán por toda la tierra.

»Los que sufran inocentemente serán mártires y entrarán en mi reino. Después de los castigos, los ángeles bajarán del cielo y difundirán el espíritu de paz sobre la tierra. Un sentimiento de inconmensurable gratitud se apoderará de los que sobrevivan a esta terrible prueba. Rezad piadosamente el rosario, en lo posible en común o solos. Durante estos tres días y tres noches de tinieblas, podrán ser encendidas sólo las velas bendecidas el día de la candelaria (2 de febrero) y darán luz sin consumirse».

María Julia Jahenny
(1850-1941)

Fue una estigmatizada muy longeva. Nació y vivió en La Fraudais, cerca de Balain, en el departamento del Bajo Loira, en Francia. Ésta fue una predicción suya:

«Vendrán tres días de grandes tinieblas. Las velas de cera bendita iluminarán durante estas tinieblas horrorosas. Una vela durará los tres días, pero en las casas de los impíos no arderá. Durante esos tres días los demonios aparecerán en formas horribles y abominables y harán resonar el aire con espantosas blasfemias. Los rayos y centellas penetrarán en las casas, pero no apagarán la luz de las velas benditas los vientos, tormentas y terremotos. [...] las tres cuartas partes de la humanidad serán aniquiladas. El castigo será mundial.

»Sí, hijos míos, en estos últimos tiempos, aunque todavía ellos están alejados del fin que se llama fin de los fines de la tierra, es decir, el fin de toda existencia mortal, comprendedme bien, en estos últimos tiempos la tierra será testigo de grandes y espectaculares prodigios, sobre todo en el cielo. Habrá manejos impíos, falsos cristos que bajo capa de piedad se van introduciendo en la Iglesia».

La madre Elena Aiello
(?-1961)

Famosa estigmatizada italiana a quien en 1954 se le presentó la Virgen con un vestido negro y siete espadas que atravesaban su inmaculado corazón, y le reveló lo siguiente:

«Óyeme con atención y revela esto a todo el mundo: mi corazón está muy triste por los sufrimientos que vendrán sobre el mundo, que se bate en una catástrofe inminente. La justicia de Dios es ofendida al extremo. Los hombres viven en la obstinación de sus pecados. La ira de Dios está muy cerca. Proclama, grita en alta voz, hasta que los sacerdotes de Dios oigan mi voz para que avisen a la humanidad de que el castigo está muy cerca. Y si los hombres no se vuelven hacia Dios con la oración y la penitencia, el mundo será lanzado a una nueva y más terrible guerra.

»Una tempestad de fuego caerá sobre la tierra. Este castigo terrible que nunca se ha visto en la historia de la humanidad durará setenta horas. Los ateos serán aplastados y aniquilados y muchos se perderán porque permanecerán en la obstinación de sus pecados. Entonces se verá el poder de la luz sobre el poder de las tinieblas. No guardes silencio, hija mía, porque las horas de las tinieblas y el abandono se acercan.

»Me inclino sobre el mundo teniendo en suspenso la justicia de Dios. De otra manera estas cosas hubieran venido ya sobre la tierra. Oraciones y penitencias son necesarias porque los hombres deben volver a Dios y a mi corazón inmaculado, la mediadora entre los hombres y Dios, y de esta manera el mundo al menos será salvado en parte. Proclama, gritando, estas cosas a todos, como si fueras el mismo eco de mi voz. Anuncia esto a todos, porque ayudará a salvar a muchas almas e impedirá muchas destrucciones en la Iglesia y en el mundo».

Una revelación anterior, recibida el 7 de enero de 1950:

«Cuando en el cielo aparezca una señal extraordinaria, sabed los hombres que está próximo el castigo del mundo. Bienaventurados los que en aquellos momentos puedan llamarse verdaderos devotos de María... El azote del fuego está próximo y purificará a la tierra de la iniquidad de los malvados... La justicia de Dios gravita sobre el mundo y la humanidad manchada de fuego será lavada en su propia sangre... Algunas naciones serán purificadas, mientras que otras desaparecerán completamente...».

Faustina Kowalska
(1905-1938)

Santa María Faustina Kowalska nació en la aldea de Glogowiec (Polonia), siendo la tercera de diez hermanos. A los dieciséis años salió de la casa familiar para trabajar de empleada doméstica y a los veinte entró en la Congregación de las Hermanas de la Madre de Dios de la Misericordia, donde vivió cumpliendo los deberes de cocinera, jardinera y portera hasta su fallecimiento el 5 de octubre de 1938. Entre las revelaciones que tuvo se encuentra la siguiente:

«Antes de venir como juez, vendré primero como rey de misericordia. Precediendo el día de la justicia, habrá una señal en el cielo dada a los hombres. Toda luz será apagada en el firmamento y en la tierra. Entonces aparecerá venida del cielo la señal de la cruz, de cada una de mis llagas de las manos y de los pies saldrán luces que iluminarán la tierra por un momento».

En 1936, el día 25 de marzo, fiesta de la Anunciación, se le apareció la Santísima Virgen y le dijo estas palabras:

«Yo di al mundo al redentor y tú tienes que hablarle al mundo acerca de su misericordia y prepararlo para su segunda venida.

»Este día terrible vendrá, será el día de la justicia, el día de la ira de Dios... Los ángeles tiemblan al pensar en ese día [...]. Habla a las almas de la gran misericordia de Dios, mientras haya tiempo. Si te quedas en silencio ahora, serás responsable de la pérdida de un gran número de almas en aquel día terrible. No tengas miedo y sé fiel hasta el fin».

Berta Petit
(1870-1944)

Nació en Enghien, Bélgica, y tuvo revelaciones desde muy niña, la primera registrada a la edad de cuatro años. En 1943, recibió estas últimas manifestaciones:

«La humanidad marcha hacia una tormenta espantosa que dividirá más aún a los pueblos; reducirá a la nada todas las combinaciones humanas; mostrará que nada subsiste sin mí y que yo sigo siendo el director de los pueblos... Un espantoso huracán se está preparando: se verán desencadenar con furor todas las fuerzas y ése será el momento de abandonaros al corazón doloroso e inmaculado de María».

Maria Graf-Suter
(1906-1964, Suiza).

Después de su muerte, su director espiritual publicó sus escritos. Uno de ellos recoge el siguiente mensaje:

«Entonces Dios intervendrá como en los tiempos de Noé. Pero, en lugar del diluvio, habrá una lluvia de fuego... Los que llevan la señal de María, el Rosario, serán preservados del castigo».

Sor María de Jesús Crucificado
(1892-1966)

Nació el 10 de diciembre de 1892 en Blato, en la isla de Korcula (Croacia). Era la sexta de ocho hermanos. Sus padres llevaban una vida ejemplar y la educaron cristianamente. Muy pronto, María mostró su inclinación a la piedad y a la misericordia. Al ver los sufrimientos, el hambre y las penurias de la gente, decidió esforzarse por proteger a los pobres, «hermanos elegidos y amados por el Señor», como solía llamarlos. Impulsada por su vivo deseo de ayudar a los necesitados, y siguiendo las orientaciones del obispo de Dubrovnik, el monseñor Josip Marcelic, en el día de la Anunciación del año 1919 fundó la Congregación de Hijas de la Misericordia, para la educación e instrucción de la juventud femenina. Ésta es una revelación recibida por ella:

«Todos los estados se agitarán por la guerra y el conflicto civil. Durante una oscuridad que durará tres días las personas dadas al mal perecerán, por lo que sólo unos cuantos hombres bondadosos sobrevivirán».

San Juan Bosco
(1815-1888)

Fue el menor de los hijos de un campesino piamontés. Su niñez fue muy dura, pues su padre murió cuando tenía apenas dos años y medio, y su madre, Margarita, una mujer muy pobre pero santa y laboriosa, debió luchar mucho para sacar adelante a sus hijos. Una vez ordenado sacerdote, empleó todas sus energías en la educación de los jóvenes. Murió el 31 de enero de 1888, después de una larga vida de intenso trabajo y dedicación a los más pobres y abandonados. Su cuerpo permanece incorrupto en la basílica de María Auxiliadora en Turín. Fue el fundador de la Congregación de los Salesianos, comunidad religiosa con ramas masculina y femenina, dedicada a la educación de los jóvenes, en especial los pobres.

«Del sur vendrá la guerra, del norte la paz. Italia será sumida en la desolación. Francia castigada. Roma conocerá el exterminio. El padre tendrá que huir. Habrá una lucha terrible entre la luz y las tinieblas. Luego, cese de la oscuridad. Luce un sol espléndido. La tierra está arrasada, muchísimos han desaparecido. El papa vuelve. El pecado tendrá fin...»

Las apariciones de Unbe

Mientras estaba sola en casa la noche del 25 de marzo de 1941, Felisa Sistiaga vio a través de la ventana un gran resplandor que descendía, y en él un bulto oscuro, envuelto en una nube clara. Vio y reconoció poco después a la Santísima Virgen, pero en esa ocasión no le habló. Felisa siguió avistándola durante veintiocho años. Como en tantos otros lugares de aparición, la Virgen pidió en Unbe oración y sacrificio. Oración y penitencia, para salvar al mundo de las catástrofes que se avecinan, y para la conversión de los pecadores. El 23 de mayo de 1971, la Santísima Virgen le dijo:

«Si no se hace más caso, de Jueves a Viernes Santo, a principios del siglo, se formará una niebla por la que no os veréis los unos a los otros. No os servirá ninguna luz. Durará todo el tiempo que haga falta. Los justos y los dignos no sufrirán. Todos mis hijos tendrán que pedir perdón a Dios. Esto es un aviso del Castigo».

Enzo Alocci

Enzo Alocci nació el 20 de febrero de 1931. Es campesino y padre de familia de Porto San Stefano, en una isla del mar Tirreno. Desde 1966 ha recibido diversos mensajes de la Santísima Virgen, de Nuestro Señor y del arcángel Gabriel. Este es uno de ellos:

«El cáliz está lleno y el momento ya ha sonado para la hora de la justicia. En aquel día, en un violento fragor de truenos, un carro de fuego atravesará todo el Universo, dejando tras de sí un fuerte resplandor desconocido. Éste será el signo que indicará la proximidad del castigo de Dios. Luego el sol se alejará y un violento fragor de truenos sacudirá la tierra y reinará la oscuridad. Durante los tres días de tinieblas los perseguidores de la Iglesia serán aniquilados. El cielo y la tierra se acercarán y el fuego vendrá sobre la tierra. El mundo quedará cubierto de cadáveres y muchas naciones desaparecerán de la faz de la tierra. Esto será una gran tribulación para todos. Nada será visible. El aire se tornará pestilente y causará graves daños. Habrá una espantosa oscuridad universal. Solamente un cuarto de la Humanidad sobrevivirá. Luego habrá un nuevo mundo de almas buenas».

Amparo Cuevas – El Escorial

Amparo Cuevas nació el 13 de marzo de 1931 en Peñascoza (Albacete), de familia muy pobre. Casada con Nicasio Barderas, tiene siete hijos. Desde hace más de treinta años vive en El Escorial (Madrid), donde trabajó de asistenta social. Enferma del corazón, se curó en Lourdes en 1977. Sin saber rezar, siempre invocaba filialmente a la Virgen y sentía compasión por el prójimo; suponía que tenía que haber un Ser Supremo, pero no practicaba religión alguna. Su manera de proceder es sencilla, desinteresada y obediente, y los testimonios de tantos testigos excluyen la posibilidad de fraude. Desde el 18 de junio de 1981 la Virgen se le aparece en Prado Nuevo, en El Escorial de Abajo, a cuatro kilómetros del museo de El Escorial. Éstos son algunos de los mensajes recibidos por Amparo:

«Muchas almas están errantes, esperando que alguien las salve. El pecado de impureza ofende mucho al Señor. Gran parte del clero, sacerdotes, obispos y cardenales van por el camino de la perdición, y por ellos se están condenando muchas almas.

»Rezad mucho y haced mucha penitencia para que todos os salvéis; cuanto más sufráis y más sacrificios hagáis, más os amo, porque así me ayudáis a sufrir y a pedir por tantos pecadores que tanto lo necesitan. Muchas almas están condenadas porque no ha habido nadie que haya rezado por ellas. A ver si al menos podemos salvar una tercera parte de la humanidad. Que enmienden sus vidas; que vistan con pudor sus cuerpos.

»El Santo Rosario es mi plegaria favorita; con él se puede salvar toda la humanidad y evitar una gran guerra. Meditad un ratito después de cada misterio, es conveniente que recéis los quince misterios. Yo prometo a todo el que rece el Santo Rosario diariamente asistirle en la hora de la muerte. Todos los días estaré presente para bendecir a los que vengan a rezar el Santo Rosario a este lugar. Que se reconcilien con Dios todos los días...

»Los pecados de los consagrados claman al Cielo y atraen la venganza. Va a venir un gran castigo a toda la humanidad como jamás se ha visto. Si no me escuchan, habrá muchas muertes, la Iglesia irá decayendo, no habrá trabajo y existirá otra gran guerra. El papa será martirizado. Estáis al borde de los últimos tiempos. El juicio de las naciones está muy cerca. El día del Creador está próximo. »Dios Padre va a enviar dos castigos muy grandes. Uno en forma de guerras, revoluciones. El otro es un castigo del Cielo. En varias naciones habrá grandes terremotos; vendrá sobre la Tierra una oscuridad intensa que durará tres días, nada será visible, el aire será nocivo; durante esos días de tinieblas sólo alumbrarán las velas benditas, los fieles deberán permanecer en sus casas rezando el Santo Rosario y pidiendo a Dios misericordia; el castigo destruirá a las dos terceras partes de la humanidad. A los que estén con Dios y con la Virgen no les afectará nada».

Habla del aviso y del milagro:

«Antes del castigo habrá un aviso en el Cielo; todos lo verán. Parecerá que el mundo está en llamas; durará veinte minutos y muchos morirán de la impresión, pero los que crean en Dios y en la Virgen quedarán mientras como en éxtasis. Después del aviso y antes del castigo habrá un milagro.

»Mi Hijo arrancará de cuajo toda mala hierba y preparará un renacimiento esplendoroso para el tiempo de su Misericordia. Entonces será la paz y la reconciliación entre Dios y los hombres. Él será servido, adorado y glorificado, la caridad brillará por todas partes, los nuevos reyes serán el brazo derecho de la Iglesia, el Evangelio será predicado en todas partes y los hombres vivirán en el temor de Dios. La Santa Iglesia será fuerte, humilde, piadosa, pobre, celosa e imitadora de las virtudes de Jesucristo».

Las apariciones de Garabandal

El 18 de junio de 1961, a las ocho y media de la tarde, cuatro niñas (dos de ellas llamadas Conchita y Jacinta) de San Sebastián de Garabandal, aldea del norte de España perteneciente a la provincia de Santander, oyeron un estrepitoso trueno; sin embargo, el firmamento estaba despejado y sin nubes. De pronto, vieron un resplandor, y en medio al arcángel san Miguel, quien les anunció la venida de la Santísima Virgen, que tuvo lugar el domingo 2 de julio. Hasta el 13 de noviembre de 1965 fueron más de dos mil las apariciones registradas en Garabandal. La Virgen prometió a las niñas que tendría lugar:

- Un *aviso mundial* que será experimentado por todos en la Tierra. Su propósito será llamar a la humanidad a enmendar su conducta y retornar a Dios.
- Un *gran milagro* que ocurrirá a finales del invierno o inicios de la primavera del año en que se efectúe el aviso.
- Una *«señal»* permanente que permanecerá todo el tiempo en Garabandal y en otros sitios donde María ha aparecido.
- Un *terrible castigo* durante el cual muchos morirán.

Conchita dijo: «El aviso, así como el castigo, es una cosa terrorífica tanto para los buenos como para los malos. Pondrá a los buenos más cerca de Dios y será una advertencia para los malos de que el fin se acerca». Jacinta afirmó: «El aviso es algo que será visto en el aire, en todas partes del mundo y será inmediatamente transferido al interior de nuestras almas. Durará un pequeño lapso pero nos parecerá mucho tiempo debido a sus efectos dentro de nosotros». Conchita expresó que la Virgen le había dado la fecha del milagro y que la anunciaría ocho días antes de que éste ocurra. Describiendo el aviso, Conchita mencionó: «Éste será como fuego. No quemará nuestras carnes pero lo sentiremos exterior e interiormente». Parece ser que será un fenómeno astronómico, «como dos estrellas... que chocan y hacen un enorme ruido, y producen una gran cantidad de luz... aunque ellas no caerán. No nos herirá pero lo veremos y, en ese momento, nosotros veremos nuestras conciencias».

La Virgen le dijo al principio a Conchita: «Quedan tres papas y después ya viene el fin de los tiempos». Han existido desde entonces en realidad cuatro papas, Pablo VI, Juan Pablo I, Juan Pablo II y el actual Benedicto XVI. Sin embargo, la Virgen aclaró en esas mismas fechas a Conchita que, aunque en realidad quedaban cuatro, no contaba a uno de ellos porque iba a durar muy poco tiempo, lo cual sucedió con Juan Pablo I, que murió tras sólo un mes de pontificado. Mucho después, durante el papado de Juan Pablo II, afirmó en una ocasión Conchita: «Cuando muera Juan Pablo II ya viene todo».

Si lo de Garabandal ha de ser creído, es altamente probable que los eventos anunciados dos mil años antes y que han ido aumentando en intensidad en el siglo XX ocurrirán durante la vida de la mayoría de la gente que está leyendo este texto. Realmente, muchas profecías apuntan a que estos sucesos acaecerán dentro de los próximos diez años.

Medjugorje

El mensaje del inminente desastre revelado en Garabandal fue repetido, con más detalle, en Yugoslavia dos décadas después. En junio de 1981 seis jóvenes del villorrio montañoso de Medjugorje mencionaron repetidos encuentros con la

Virgen María. Se trata de un pequeño poblado situado en Bosnia Herzegovina, ex provincia de la antigua Yugoslavia. La palabra Medjugorje significa «entre montañas», y se encuentra entre una colina llamada Crnica o Podbrdo y el Kricevac o monte de la Cruz. En el monte Kricevac las mujeres de la aldea construyeron en 1933 una gran cruz, pidiendo por el regreso de sus hombres, que tenían que ir a sitios como Alemania para trabajar. Desde el comienzo de las apariciones, esta cruz fue objeto de numerosas señales para los habitantes de Medjugorje, quienes la contemplaban iluminada durante la noche o dando vueltas en distintas direcciones. También en ocasiones vieron la silueta de la Virgen en lugar de la cruz.

Aproximadamente hacia las seis de la tarde del 24 de junio de 1981, en la zona del monte Podbrdo, las jóvenes Ivanka Ivankovic (de quince años de edad) y Mirjana Dragicevic (de dieciséis) vieron una figura en la colina. Era una mujer joven, extraordinariamente bella, con un niño en brazos y rayos de luz que la rodeaban. Al principio se asustaron y corrieron a casa de algunos familiares suyos, donde estaban pasando las vacaciones de verano. Más tarde regresaron con otros amigos (dos de los cuales sólo avistaron a la Virgen esa única vez) y nuevamente vieron a la bellísima mujer. El día siguiente por la tarde, 25 de junio, volvieron a la colina y esta vez las acompañaron Vicka Ivankovic (la mayor de todos, con diecisiete años), Ivan Dragicevic y Marija Pavlovic (ambos de dieciséis), así como Jacov Colo (con sólo diez años), quienes, junto a las dos jóvenes ya mencionadas, desde ese momento formarían el grupo definitivo de videntes que serían los testigos de las apariciones.

Ese segundo día un destello de luz les indicó la presencia sobrenatural, y vieron en la parte superior de la colina a la Virgen, que les sonreía y les hacía gestos con las manos para que subieran hasta donde estaba Ella. Se detuvieron unos instantes, pero luego una fuerza extraña los empujó hacia arriba y, como si tuvieran alas, llegaron rápidamente ante la aparición. Al instante cayeron en éxtasis, mirando a la Virgen, que estaba rodeada de una luz intensísima y purísima. Tenía un vestido color gris, pero de un gris desconocido en la Tierra. Su velo era blanco y en la cabeza portaba una corona de doce estrellas.

Al día siguiente, 26 de junio, sintieron la urgencia de acudir a la colina. Una luz destelló tres veces en la cima y fue percibida también por personas de aldeas vecinas, quienes acudieron al lugar movidos por la extraña luz. Algunas mujeres les aconsejaron a los niños que llevasen agua bendita con ellos para rociar la aparición y así asegurarse de que no fuera el demonio. En el momento de la aparición Vicka lanzó el agua bendita hacia la visión, diciendo: «Si eres nuestra Madre bendita, por favor, quédate, y si no, aléjate de nosotros». La Virgen sonrió al oír eso y se quedó con ellos. Mirjana le preguntó su nombre, y ella le contestó: «Soy la bienaventurada Virgen María».

Las manifestaciones de Medjugorje siguen ocurriendo en la actualidad. La Virgen ha entregado a los videntes diez secretos. Cuando las apariciones cesen allí, cabarán el resto de las apariciones marianas alrededor del mundo y cuando esto ocurra, los eventos descritos en los secretos empezarán a desarrollarse.

Los diez secretos de Medjugorje parecen ser una continuación de los Secretos de Fátima y son similares en carácter general a los descritos en Garabandal.

En 1982, la Iglesia estableció una comisión para empezar a evaluar los hechos de Medjugorje. Como parte del informe inicial, el padre Tomislav Vlasic, el pastor local, envió al papa y al obispo de Mostar una carta en la que detallaba toda aquella información que está disponible acerca de los secretos. En su carta establece:

«De acuerdo con Mirjana, durante la aparición del 25 de diciembre de 1982, la Virgen le confió el décimo y último secreto, le reveló las fechas en las cuales los diferentes secretos sucederán. La Bendita Virgen reveló muchos aspectos del futuro a Mirjana, muchos más de los que les indicó a los otros visionarios. Por esta razón, les relato ahora lo que la muchacha me dijo en una conversación el 5 de noviembre de 1983. Resumo lo esencial de lo que me narró, sin ningún agregado literal:

»– Antes de que el signo visible sea dado a la humanidad, se darán tres advertencias al mundo. Las advertencias serán avisos. Mirjana las testificará. Tres días antes de uno de estos avisos, ella lo anunciará a un sacerdote de su elección. Después de estos avisos, una señal visible será dada a la humanidad en el sitio de las apariciones.

»– El noveno y el décimo secreto son asuntos graves. Se trata de castigos por los pecados del mundo. La penitencia es inevitable debido a que no podemos esperar la conversión del mundo entero. El castigo puede ser mitigado mediante los rezos y las penitencias pero no suprimido.

»– Tras el primer aviso, los otros lo seguirán después de un corto período, para que la gente tenga tiempo de convertirse.

»– Este tiempo es una etapa de gracia y conversión. Después de esta señal visible, aquellos que aún continúen con vida tendrán un poco de tiempo para cambiar.

»– La invitación a la oración y la penitencia está destinada a evitar la maldad y la guerra, y sobre todo a salvar las almas.

»– Los eventos profetizados por la Virgen están muy cerca.

»– Según los videntes, con la realización de los secretos la vida en el mundo cambiará. Después, el hombre creerá como en la antigüedad. Qué es lo que cambiará y cómo lo hará, no lo sabemos, dado que los videntes no quieren difundir estos secretos».

El mensaje de Medjugorje tiene los mismos componentes que los mensajes iniciales de Fátima, Garabandal y un gran número de apariciones marianas. El aspecto más conflictivo de estas dos manifestaciones, aparte de su maratónica duración, es la predestinación implicada en los mensajes de advertencia. A diferencia de apariciones previas, no existen cláusulas de contingencia a las profecías tales como: «A menos que los hombres se conviertan...». Los videntes dicen que ellos saben ya la fecha en la que cada uno de esos eventos ha de ocurrir. Los secretos de Medjugorje parecen indicar una casi fatalista visión del futuro. Este nivel de predeterminación no es característico de las apariciones marianas iniciales, ni parece tampoco coincidir con otras predicciones hechas acerca del final de los tiempos.

Giorgio
Bongiovanni

Giorgio Bongiovanni, considerado por sus seguidores como el mensajero de los Maestros Espirituales del Cosmos, canalizó el siguiente texto el 27 de junio de 1999, en su residencia de Porto S. Elpidio, Italia:

«El planeta Tierra, Ser Cósmico y gran Madre de todas las criaturas vivientes, entrará en una fase de aceleración de las frecuencias vibratorias intrínsecas y externas a él. La Madre Santísima, en Fátima, en la aparición de 1917, reveló lo que ocurriría en la segunda mitad del siglo XX, durante el período de tiempo que irá desde el 11 de agosto de 1999 hasta el 31 de diciembre del 2012: se pasará definitivamente de las bajas frecuencias de la dimensión material a las frecuencias medias que implican más directamente los planos astrales y etéreos de los seres humanos. Esta fase de pasaje durará trece años de vuestro tiempo y el inicio estará señalado por el eclipse solar del 11 de agosto. En ese día, una vez más, la Luna se interpondrá al brillante astro solar y todas las criaturas vivientes enfocarán al unísono su atención apuntando los ojos al Cielo. El planeta Tierra y la Luna estarán en alineamiento con el Sol.

Desde ese momento la aceleración de las ondas vibratorias envolverá los campos magnéticos de la Tierra y las ondaspensamiento. Os recordamos que cualquier evento es expresión directa de la Inteligencia Cósmica que todo lo crea y todo lo gobierna. Los Maestros portadores de la Luz, que se han sucedido en el planeta con el fin de realizar el injerto de la chispa divina en los hombres, os han guiado e instruido en el camino del conocimiento, conduciéndoos al "Yo soy". Los mensajeros divinos del último siglo os han transmitido la necesidad de experimentar vuestros pensamientos en el Yo consciente, para que cada individuo comprenda profundamente que es una entidad compenetrada de espíritu, de alma y de vida. En esta fase, es absolutamente urgente que seáis conscientes del origen del pensamiento humano, porque con las aceleraciones de frecuencias en acción, se vuelve fundamental el valor de las acciones. Manteneos despiertos y atentos, porque todo aquello que se experimenta con la acción y la puesta en práctica no está relacionado solamente con vuestro yo o con vuestra "ciudadela", sino con la totalidad del Cosmos Espiritual. Por esto, todos aquellos seres humanos que no se encuentran en sintonía con los valores positivos de las frecuencias superiores y aquellos que viven en un estado de continuo estrés, sufrirán una aceleración de su desequilibrio. Desafortunadamente, el sistema neurológico de estos individuos opondrá mucha menos resistencia al "Harbar": la peste de las neuronas del cerebro, que incita al hombre a matar y a matarse, y que está extendiéndose a todos aquellos ambientes donde se exalta la irritación psíquica y donde se está al servicio de los valores destructivos y demoníacos. Que estén muy atentos aquellos que se acomodan en la debilidad, con pensamientos y sentimientos, verdaderamente alejados de la esfera del espíritu y, por lo tanto, inútiles para la Madre Tierra. Se debe tener en consideración esta situación, porque se corre el riesgo de ser atraído por el lado oscuro de la fuerza negativa. En la escala mundial aumentarán los conflictos, las guerras, las agresiones y la violencia. Por el contrario, aquellos que viven y trabajan en sintonía con los valores Crísticos-Universales, experimentarán un aumento de su coeficiente intelectual y estarán en grado de disfrutar mejor las propias potencialidades psico-espirituales.

»Predisponeos desde ahora, para esta fase de pasaje, desarrollando vuestra conciencia y realizando vuestra entidad espiritual para trabajar en acuerdo con los Seres de Luz y para guiar a la humanidad de una época a otra. Nutrid más el espíritu que el cuerpo y escoged una causa a favor de la vida; no importa cuál sea, poned todas vuestras fuerzas al servicio del mundo del espíritu sobre vuestro planeta.

»Desde hace tiempo se realiza la manipulación genética en el astral de un cierto número de jóvenes, con el objeto de predisponerlos para la sintonía con las próximas nuevas frecuencias. Los recién nacidos y los niños engendrados de las uniones de aquellos que tienen inclinación natural y están disponibles para las nuevas frecuencias superiores manifestarán poderes que antes no podían ser realizados. Aumentarán también las catástrofes y los desastres naturales, porque el planeta se encuentra en una fase de reacción, debida a la contaminación y a la degeneración que el hombre ha puesto en acción, con los experimentos nucleares y con la polución irresponsable de la atmósfera y de la naturaleza. Es ésta la fase del juicio, es el Apocalipsis, con los cuatro caballeros del agua, del aire, de la tierra y del fuego, que separarán el grano de la cizaña. El planeta reaccionará por medio de estos cuatro elementos naturales;

todo será sacudido y predispuesto para la purificación. Aumentarán los eventos espantosos en número y en incidencia, comprendida la tercera guerra mundial, así como lo anunció la Madre Celeste en Fátima, si el hombre no se arrepiente. Se cumplirán también las profecías del advenimiento de la época del despertar espiritual. Se manifestarán grandes signos y se producirá el gran contacto entre los hombres y los Seres cósmicos. Aparecerá, grande y visible a todos, el signo del "Hijo del Hombre": la Cruz en el Cielo que anunciará la segunda venida de Aquel que dijo: "No os dejaré huérfanos, retornaré en medio de vosotros"... "Nadie conoce el día ni la hora", pero la curva del tiempo sobredicho corresponde a las antiguas profecías que anuncian el retorno de los Dioses de cada cultura espiritual... Que todos los trabajadores del bien... tengan sentido de responsabilidad, equilibrio, clarividencia y, sobre todo, discernimiento».

Como vemos, Bongiovanni realiza un curioso sincretismo entre la Virgen María y los extraterrestres, a quienes llama «Seres cósmicos» e introduce la fecha 2012 en relación con el mensaje de Fátima.

Edgar
Cayce

Edgar Cayce murió el 3 de enero de 1945, llevándose a la
tumba un secreto que ni él mismo había podido penetrar y que
le asustó durante toda su vida. La Association of Research and
Enlightement, de Virginia Beach, sigue todavía analizando,
estructurando y publicando los casi quince mil registros existentes de sus sesiones. Por su forma de predecir, se le conoció
como «el profeta durmiente», modalidad profética que hacía
necesaria la presencia de alguna persona –usualmente algún
familiar o su secretaria– para tomar nota de cuanto decía en
sueños. Entre todos los casos de clarividencia registrados, el
de Cayce es el más puro, el más documentado y tal vez el más
extraordinario.

Nació el 18 de marzo de 1877 en una granja cerca de
Hopkinsville, Kentucky. Siendo niño, un día se puso muy enfermo. El médico rural se hallaba a la cabecera de su lecho.
No había manera de sacar al pequeño Edgar de su estado de
coma. De pronto, se oyó la voz de Edgar, clara y tranquila. Y,
sin embargo, dormía. «Le diré lo que tengo –le dijo al médico–

he recibido un golpe en la columna vertebral con una pelota de béisbol. Hay que hacer una cataplasma especial y aplicármela en la base del cuello.» Con la misma voz el niño fue dictando la lista de plantas que había que mezclar y preparar. «De prisa –avisó–, pues el cerebro está en peligro de ser alcanzado.» Por si acaso, le obedecieron. Por la noche la fiebre ya había remitido. Al día siguiente Edgar se levantó en perfectas condiciones. No se acordaba de nada. Incluso ignoraba la existencia de la mayoría de las plantas que había mencionado el día anterior.

Así comenzó una de las historias más asombrosas de la medicina. Cayce, campesino de Kentucky, sin estudios y poco inclinado a usar su don, curará en estado hipnótico a más de veinte mil enfermos, debidamente comprobados.

Fue obrero agrícola en la granja de uno de sus tíos, después, dependiente de una librería en Hopkinsville y, por último, dueño de una pequeña tienda de fotografía, donde se proponía pasar tranquilamente sus días. Sin embargo, en contra de su voluntad, tuvo que hacer de curandero.

Su amigo de la infancia, Al Layne, y su novia Gertrudis unen sus fuerzas para obligarle, convencidos de que no tiene derecho a negarse a ayudar a los que sufren. Al Layne es un muchacho débil y achacoso, siempre enfermo. Un día Cayce consiente en dormirse. Describe sus males y dicta los remedios. Al despertar se pelea con su amigo, intentando impedir que tome todos aquellos medicamentos anotados, la mayoría de los cuales ni siquiera conoce. Se encierra en su gabinete de fotografía, negándose a verlo de nuevo. Ocho días más tarde, Al llama a su puerta. Nunca ha estado tan bien. La pequeña ciudad se conmueve, todos quieren consultarle. «No voy a ponerme a curar a la gente porque hablo en sueños», argumenta él. Pero finalmente acaba por aceptar, con la condición de no ver a los pacientes, de que algún médico asista a las sesiones y de no cobrar un centavo ni aceptar ningún tipo de regalo.

Sus diagnósticos y sus prescripciones formuladas en estado hipnótico son de tal precisión y sutileza que los médicos están convencidos de que se trata de un colega disfrazado de curandero. En un principio limita sus sesiones a dos por día. No es que tema la fatiga, pues sale de sus sueños totalmente descansado, sino que simplemente quiere seguir siendo fotógrafo. No trata en absoluto de adquirir conocimientos médicos. No lee nada. Intenta rebelarse contra aquella extraordinaria facultad. Sin embargo, cada vez que decide dejar de emplearla, se queda afónico.

Su fama se extiende de manera extraordinaria. Un día acude a consultarle James Andrews, magnate de los ferrocarriles americanos. Mientras duerme, le ordena tomar una serie de medicamentos, entre ellos cierta agua de Orvale. No hay manera de encontrar dicho remedio. Andrews hace publicar anuncios en las revistas médicas sin obtener el más mínimo resultado. En el curso de otra sesión, Cayce dicta la composición de aquella agua, extraordinariamente complicada. Poco tiempo después, Andrews recibe una carta de un joven doctor parisiense. Su padre, también médico, elaboró dicha agua de Orvale, pero había dejado de explotarla hacía ya cincuenta años. Su composición era idéntica a la dictada por Cayce.

El secretario local del Sindicato Médico se apasiona por el caso Cayce. Se convoca un comité de tres miembros que asiste estupefacto a todas las sesiones. Las facultades de Cayce son reconocidas y se le extiende una autorización oficial para realizar «consultas psíquicas».

Durante el resto de su vida, los médicos le consultarían con frecuencia.

Se casa y tiene un hijo. Un día el niño, de ocho años, jugando con unas cerillas provoca la explosión de un depósito de magnesio. Los médicos le pronostican ceguera total en breve plazo y recomiendan la ablación de un ojo. Cayce, aterrorizado, se sume en uno de sus sueños. En estado hipnótico se pronuncia en contra de la ablación y en su lugar ordena que se apliquen durante quince días compresas de ácido tánico. Según los especialistas, es una locura. Y Cayce, presa de los mayores tormentos, apenas se atreve a desoír sus consejos. Sin embargo al cabo de los quince días, el niño está curado.

Una tarde, después de una consulta sigue dormido, y dicta una tras otra cuatro recetas muy precisas. No se sabe a quién pueden referirse. Finalmente se descubre que han sido formuladas por anticipado para los cuatro próximos enfermos.

En el curso de una sesión, receta un medicamento al que llama «Codirón» y da la dirección de unos laboratorios de Chicago. Al llamar por teléfono se descubre que dicho medicamento todavía no ha sido puesto a la venta, ya que apenas acaban de registrar su fórmula y de ponerle nombre.

Aquejado de una enfermedad incurable que sólo él conoce, Cayce muere el día y a la hora que había anunciado previamente.

Aunque la actividad de Edgar Cayce fue principalmente de tipo médico o curativo, los registros de sus palabras contienen también instrucciones de carácter espiritual, revelaciones sobre civilizaciones desaparecidas –en especial sobre la Atlántida– e, inevitablemente, profecías. Veamos algunas de ellas:

«La tierra se romperá en muchas zonas. El primer lugar que variará su aspecto físico será la costa oeste de Norteamérica.

»Surgirán nuevas tierras en el mar Caribe. Sudamérica será sacudida de un extremo a otro y en el Antártico surgirá tierra frente a la Tierra del Fuego.

»La tierra se partirá en la zona noroccidental de Norteamérica.

»La mayor parte de Japón se hundirá en el mar y la zona superior de Europa cambiará en un abrir y cerrar de ojos.

»Habrá levantamientos en el Ártico y en el Antártico, acompañados de erupciones de volcanes en las zonas tórridas, y entonces se desplazarán los polos, de modo que lo que era frío se convertirá en tropical».

Entre sus profecías de carácter político destacan las que anunciaron la caída de los regímenes nazi, fascista y comunista. Especialmente sorprendentes son las relativas a Rusia:

«A través de Rusia viene la esperanza del mundo. Pero no en relación con lo que se llama comunismo, ¡no!, sino en cuanto a la libertad, ¡la libertad! El principio de ella vendrá de Rusia. Esto tardará años en cristalizar; no obstante, una nueva comprensión vendrá a ese pueblo, la esperanza del hombre vendrá de Rusia».

En 1936 predijo que futuras explosiones volcánicas del Vesubio y del Monte Pelado (en la Martinica) serían las señales que precederían a una gran inundación –o maremoto– que barrería las costas de California, y el mar llegaría hasta Utah y Nevada:

«Pocos años después aparecerán tierras nuevas en el Atlántico y también en el Pacífico y, por el contrario, lo que

ahora es la línea costera de muchas tierras se convertirá en el fondo del océano.

»Partes de la costa este de Estados Unidos, incluso lo que ahora es Nueva York, desaparecerá en el mar. Pero esto será en otra generación».

Según él, la desaparición de partes de California y de Georgia ocurrirá mucho antes que la de Nueva York.

En 1932 le preguntaron cuándo comenzarían estos cambios en la superficie de la Tierra. Contestó:

«Cuando se produzca la primera ruptura en la situación del Mar del Sur y otras igualmente visibles en la zona del Mediterráneo o el Etna. Entonces sabremos que ha empezado».

A la pregunta que se le formuló en el año 1936 sobre qué modificaciones tendrían lugar en la Tierra hacia el cambio de siglo, respondió:

«Un desplazamiento de los polos y el comienzo de un nuevo ciclo».

Cayce fue muy insistente en sus predicciones sobre un aumento paulatino de la actividad sísmica y volcánica a nivel mundial, pero especialmente en la costa oeste de Estados Unidos. La devastadora e inesperada explosión del monte Santa Helena en mayo de 1980 hizo que los geólogos estadounidenses comenzaran a interesarse por las profecías de Edgar Cayce.

Diane Stein, en su libro *Prophetic Visions of the Future*, publicado en California en 1991, incluye la transcripción de una canalización realizada por Laurel Steinhice, en la que la entidad que informa es supuestamente Edgar Cayce. La propia Diane le hace las preguntas y Cayce responde a través de Laurel.

Diane: ¿La cultura?

Cayce: *Fue un cambio. Un cambio en los polos, un realineamiento de cada molécula, por la fuerza electromagnética. Y es lo que va a ocurrir otra vez...*

Diane: ¿Puede decirnos algo más acerca de lo que va a suceder?

Cayce: *Sí. Es el evento al que algunos han llamado la segunda venida de Cristo. La manifestación de la conciencia crística estaba inicialmente proyectada para 1998, para ser seguida por una variación en el eje terrestre en el 2001. Pero la segunda venida comenzó a manifestarse diez años antes de lo programado, es decir, en 1988. Y permítanme decirles que no estoy hablando del Cristo como hombre, sino de una energía que llamamos la conciencia crística, la cual tiene que ver con la Madre Tierra mucho más que cualquier otro tipo de energía.*

Diane: ¿Quiere decir que esa energía ya ha llegado al planeta?

Cayce: *Comenzó en 1988, diez años antes de lo previsto. La primera fase del proyecto era una elevación de la conciencia de la luz en las mentes y en los corazones de los hombres.*

Diane: ¿La convergencia armónica?

Cayce: *¡Sí! De ese modo, ocurrió diez años antes de lo programado, pero eso no significa que el cambio final llegará en 1991. Significa que ahora tenemos más tiempo para trabajar. Y el cambio final, en lugar de suceder en el 2001 puede tener lugar en una fecha tan avanzada como el 2020. O quizá en el 2012. Hemos tenido tanto éxito en esa elevación de la conciencia que el proceso de sanación está bastante adelantado. Por eso, es posible que todo termine mucho antes del 2020. Creemos que lo más probable es que sea en el 2012.*

Pero antes habrá eventos preliminares, algunos más dramáticos que otros. Parte de ello debe ser definido por realidad consensual. Y luego acaecerá el cambio final, en un período de veinticuatro horas. Un cambio del eje. El núcleo de la tierra no varía, sólo la corteza, flotando sobre el núcleo y luego fijándose de nuevo. Después el flujo magnético que está ahora en el hemisferio Norte estará en el Sur, y viceversa.

Diane: ¿Tan grande será el cambio?

Cayce: *Sí, la postura será totalmente opuesta a la actual. Será la cuarta vez que ocurre. Pregunte a los geólogos. Ellos le dirán que esto ya ha sucedido antes.*

Diane: Pero esto generará una gran destrucción.

Cayce: *Sí, ciertamente. Pero, de una forma u otra, lo que ocurra antes igualmente generará mucha destrucción. Y no sólo por causas naturales, sino también por la mano del hombre. Y de alguna manera los contaminantes deben ser purificados. Han de ser recogidos de nuevo bajo la corteza y su estructura atómica modificada hasta un nivel en el que ya no cause ningún daño...*

Como vemos, el mensaje es muy semejante al de tantas otras profecías y canalizaciones.

Parravicini

Con Benjamín Solari Parravicini nos hallamos ante uno de los videntes más extraordinarios del siglo XX. Sus profecías, generalmente manifestadas décadas antes de que los hechos profetizados tuvieran lugar, son sencillamente sorprendentes. Nació en Buenos Aires, el día 8 de agosto del año 1898. Desde su infancia mostró una marcada introversión, interesándose poco por los juegos y pasatiempos que atraían a los demás niños; sin embargo, mantuvo siempre una relación muy íntima y especial con la naturaleza, los animales, las plantas, los árboles, las nubes y la lluvia. Su vida fue «normal» hasta el año 1932, en que recibió sus primeras psicografías o dibujos premonitorios, al igual que los mensajes explicativos de ellos. Hasta su muerte, ocurrida a principios de la década de los setenta, mantuvo contacto frecuente con seres de otras dimensiones. No fue un «vidente» profesional, ya que no vivió de sus predicciones. Su vida estuvo dedicada a dos actividades primordiales: el arte –fue un pintor notable– y la ayuda a sus semejantes.

Los siguientes son algunos de los mensajes recibidos por Benjamín Solari Parravicini, con expresión del año en que los recibió.

1934: «El átomo llegará a dominar el mundo, éste será atomizado y quedará ciego, caerán tormentas ocasionadas por las incursiones del hombre en la atmósfera. Nuevas enfermedades, trastoques de sexos, locuras colectivas, dislate total. El mundo oscurecerá».

1936: «La mujer pasará su cabello al hombre y el hombre pasará su ropa a la mujer. Ambos mandarán en igualdad de mando, pero el tiempo los hundirá».

1936: «Cuba, ideal de turistas, será alcanzada en descalabros, será del oso y el oso sobre su cabeza permanecerá por cinco tiempos. Luego, un cúmulo de sorpresas le sorprenderá. Habrá sangre, sangre y fuego, fuego y muerte, y luego nada».

1937: «El contacto sexual disminuirá por ser de atracción desmejorada. El hombre despreciará a la mujer masculinizada y descompuesta por modas absurdas. La mujer será alejada de la maternidad, por falta de deseo hacia el hombre afeminado y descompuesto por modas ridículas. El laboratorio médico impondrá el cultivo materno en forma artificial y el hombre del mañana será de selección espermática».

1937: «El hombre volará los espacios siderales, vencerá el sonido, conocerá los astros y sabrá que el mundo es un planeta inferior y de castigo».

1938: «Caerá el corazón del mundo, año 40. Caerá y será hasta el 44». (Sin duda, se refiere a París.)

1938: «Dominador llegará a España. Destruirá y edificará. Luego un Borbón estará en su lugar».

1938: «El mundo llegará a ser desnaturalizado por el poder de la pantalla doméstica. Toda mala influencia será desparramada groseramente sobre los hogares y se impondrá el comercio abusador. La masa se embrutecerá dominada por las órdenes disfrazadas de paraísos fáciles y superiores, contemplará la estupidez y la inmoralidad». (¿Se puede dar una definición más acertada de la televisión y sus perniciosos efectos?)

1938: «El papado tendrá menos normas. Lo malo de ayer dejará de serlo. La misa será protestante sin serlo. Los protestantes serán católicos sin serlo. El papa se alejará del Vaticano en viajes y llegará a América; en tanto, la humanidad caerá». (Muchos años después de esta profecía, como consecuencia del Concilio Vaticano II, la misa pasó a celebrarse en el propio idioma de cada país, como hacen los protestantes, al contrario de lo que ocurría hasta entonces, en que el latín era el idioma universal de la Iglesia.)

1938: «Hitler-Mussolini. Con el mismo fin, el mismo fin».

1938: «El can será el primer volador». (El día 3 de noviembre de 1957, la perrita Laika, a bordo del *Sputnik-2*, se convirtió en el primer ser vivo del planeta que orbitó la tierra.)

1938: «La mujer se desnudará en público y cansará. El hombre se desviará en hartazgo».

1938: «Naviero de Ganímedes observa a la tierra ya».

1938: «El corazón será artificial en el 66». (El doctor Christian Barnard realizó el primer trasplante de corazón en 1967. Sin embargo, la primera experiencia con un corazón artificial se realizó en 1982. Parece que la cifra «66» en las profecías de Parravicini no se refiere al año.)

1938: «El origen será desvirtuado, el hombre cultivará sin contacto [...] Maternidad artificial ¡Cultivada!». (En julio de 1978, dos médicos ingleses –Robert Edwards y Patrick Steptoe– hallaron el modo de extraer el óvulo de la mujer manteniéndolo vivo en el laboratorio mientras lo fertilizaban:

comenzaba el proceso de división celular y de implantarlo de nuevo en el útero femenino. Así nació la niña Louise Brown, en Oldham, Inglaterra.)

1938: «Llega un nuevo sistema de comunicaciones en el mundo por planetas artificiales [refiriéndose a los satélites] ¡Visión Domestica! Por pequeña pantalla se verá en domicilio propio los sucesos externos».

1939: «El mecanismo hará desalojo del hombre y el hombre desplazado sucumbirá en hambre».

1972: «El guerrillero fatigado acribillará al que le creó. Se tornarán entre ellos. ¡Exterminio!». (Osama Bin Laden, quien fuera contratado y entrenado por la Agencia Central de Inteligencia (CIA) se convierte en el más buscado y terrible enemigo de su antiguo patrón, Estados Unidos.)

Sus profecías relativas a seres extraterrestres son muy abundantes:

1938: «Los mares serán invadidos por los seres de otros mundos que llegarán en sus barquillas anfibias. Llevarán de la tierra para Ganímedes y su gemelo Europa algas; allá se precisa como alimentación, carecen de grandes mares. Llegarán».

1938: «Aparecerán volando las alturas círculos de luces, trayendo seres extraños de otros planetas. Sí, serán los que vinieron a poblar la tierra, se dirá, y se dirá bien. ¡Sí! Los que se llamaron ángeles en el Antiguo Testamento, o la voz de Jehová, serán y de nuevo se los verá y se los verá y se los escuchará».

1939: «Llegarán a la Tierra nuevamente seres extraterrestres. Llegarán en naves espaciales diferentes, de diferentes planetas... y habitarán los cráteres montañosos de los Andes y del sur patagónico. Convivirán con la vida humana, se los verá y se les hablará».

1939: «Viajan ya hacia la Tierra naves interplanetarias invisibles al ojo humano. Estos seres invisibles al ojo humano conviven en nuestro planeta desde siempre y moran en templos y conventos porque son místicos y tratan de imponer la fe».

1952: «Llegarán seres invisibles. Son puros y guiarán al hombre por el camino del bien. Triunfan en el 2002».

1952: «Seres visibles a nuestra retina que viajan sobre bolas de fuego pequeñas, que penetran casas y habitan en ellas... ya están en la tierra».

1959: «Los navieros interplanetarios, mensajeros de Dios, ayer ángeles, llegarán al mundo en número cada vez mayor. Se manifestarán en diferentes maneras queriendo advertir al hombre inconsciente el peligro del átomo. Civilizaciones anteriores, superiores a la actual, desaparecieron víctimas del mismo poder, ¡se sabrá!».

1959: «Razas extraterrestres regresarán a la Tierra. Ocuparán ciudades subterráneas que de ellas fueron, y aun habitadas por sus naturales aclimatados. Bajarán para restablecer costumbres que fueron superiores a las nuestras, hoy desaparecidas. Se manifestarán en forma telepática. ¡Serán en el 2000!».

1972: «La monstruosidad fea y deformada de los "extraterráqueos" es fantasía humana, ¡no existe!».

1972: «Los planetas hablarán al hombre de razas no humanoides de belleza estética y poder mental superior».

Sobre el final de los tiempos:

1937: «Hombres, meditad. El mar avanzará, inundará en diluvio, se derretirán los cascos polares. El eje de la Tierra regresará y el ecuador será polos. El mar será sangre. Final de finales».

1938: «Los hijos del norte antiplánico verán la luz del mañana, después de los grandes cataclismos que separará la América del Sur de las Central y Norte. Después la luz será del Sud».

1938: «Oscuridad total. Después del Caos del Caribe un solo ojo verá desde la única palmera y verá la luz del Sud. Cambios totales en el eje terráqueo, pero el Sud será siempre Sud».

1938: «Victoria total del hombre sobre el mal en el 2002. El último papa Pedro, cierre del papado, reinará sin mente sobre el nuevo "Ministro de Dios". "Cristo Mundus" se dirá y será Cristo en el mundo. Él vendrá en él desde el Cataclismo final. El mal será aquietado y en el nuevo mapa geográfico se verá al Sahara azul como el Pacífico en Vergel. La luna habrá opacado ante el sol, ya iluminando a la nueva luna la Amnis».

1939: «Llegará la hora de las horas y, en su oscuridad, recibirá el choque del gran planeta. Trastocará así la tierra. Todo caerá».

1940: «Nuevas vegetaciones gigantes aparecerán en el norte argentino, en los principios del hambre mundial».

1960: «Los hombres de la argentada tierra [Argentina], la que casi no padeció en el retumbe [¿de las bombas nucleares?] cantarán extendiendo alegremente sus brazos en amor al hermano que deberá llegar de las calcinadas regiones. La argentada tierra será en el mandato mayor en el 2002».

1968: «¡Mensaje en la prueba! Tierras que serán promesas del mañana: Argentina, granero del mundo; Brasil, brazo de caridad y amor al prójimo; Chile, cultura en elevación; Uruguay, política nueva. ¡América del Sur, crisol de paz!».

1968: «En la gran prueba. Humanos seres, el oro cae, se derrumba, nada será en el mañana. Más valor tendrá un vegetal comestible que un dólar. Abrid bien los ojos y aprended a mirar. El oro rueda, se desfigura y se anulará. Será el caos, mas será bien».

1968: «Llega el final de la gran prueba. Pasada la prueba llega el principio de los tres humos. Luego será el caos de las aguas tonantes y el final de finales en la paz. Será el 2002».

1972: «El hombre superior –consciente de la hora en la hora doce– predicará al niño que llega y el niño dirá con él: "¡Es ya Jesús!"».

1972: «Llega el tercer milenio –con el renacer de la verdad que fue».

1972: «Ya el ruido ensordece al hombre –al mundo que cae–. Ya el frío le congela. Ya el humo le asfixia. Ya la niebla le confunde. ¡Llega el fuego!».

Veamos seguidamente algunas de las psicografías de B. S. Parravicini.

Caminante - Tú que vas, escucha: llegando es a la Tierra el desborde del cataclismo - Los mares ya iracundos treparán países - Los ríos inundarán regiones - Cráteres tronarán soberbios - Caerán lluvias de gigantes aguas - Nieves cubrirán lo no esperado - Calores de fuego incendiarán ámbitos - Resquebrajarán los suelos en terribles roncares - Ascenderán los humos en columnas quemantes - Las carnes de los fatigados hombres se desprenderán - Sus huesos vivientes buscarán la muerte que no será - Porque la hora del espanto lo habrá ordenado y será:
¡La hora diez!

Espectacular y apocalíptica descripción de lo que nos espera.

La computadora desafiará al hombre que le creó - y le derrotará en su todo - La máquina perecerá en los fuegos.

= La computadora desafiará al
pombre que le creó – y le derrotará
en su todo – La máquina perecerá
en los fuegos –

La automatización entusiasta del ser humano por la máquina inteligente que crece en poderes, le llevará a la... ¡inutilidad!

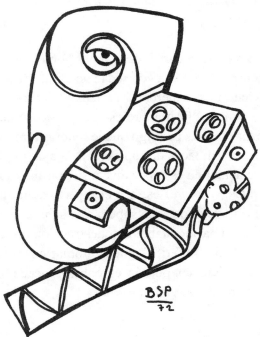

= La automatizacion entusiasta del ser
humano por la maquina intelligente
que crece en poderes - le llevara a la ...
inutilidad

*La «visión corta» de los poderes mundiales será nubla-
da sin remedio y los poderes rodarán en atómica locura -
¡Caos!*

Esta «visión corta» de quienes gobiernan el mundo y las
consecuencias que esa «cortedad de miras» tendrá según B. S.
Parravicini nos recuerdan irremediablemente las palabras de
Isaac Asimov: «El hombre es más poderoso que inteligente;
siente más interés por algo que le reporte ventajas a corto plazo que posibilidades de supervivencia a largo plazo. Quizá el
hombre actual no es capaz de considerar más que la ventaja a
corto plazo, y tal vez ése sea el aspecto autolimitante natural
de ese tipo de poder que supera a la sabiduría. Posiblemente
conduce a una inevitable autodestrucción, de modo que los
restos de vida "inferior" puedan tomar posesión del mundo.
Los supervivientes podrán entonces proceder a un nuevo y
diferente modo de vida futuro».

= La "vision corta" de los poderes mundiales. serán nubladas sin remedio. y los poderes rodarán en
atómica locura — ¡Caos!.

La «visión corta» enceguecerá, y los poderes serán sumidos en una oscuridad sin fin. Entonces llegará... la «nueva visión».

= La "visión córta" _
enceguecerá. y los poderes serán
sumidos en oscuridad sin fin.
llegará entónces... La "nueva
visión" _

La Noche es ya en la Noche - Noche
Ella cerró su resplandor postrero, con el silencio de
callar de esperas.
¡Tiembla la tierra! - ¡Roncan los cráteres! - ¡Derrúm-
banse las montañas!
¡Los mares avanzan...!
Los bosques son llamas - Las sierras pedruscos - Los
vientos ciclones - Sobre la partida tierra - Y el grito es grito,
en el eco de ecos - El hielo es hielo... las aguas... aguas.
¡Caos!

El sol de carbones rueda - Los valles apagan - Los cuervos graznan - La maraña invade - El meridiano escapa... ¡Soledad!

El meridiano escapa... ¿Alusión a un posible cambio en el eje de la Tierra?

El hombre redimido - Y de propia luz superior, en el final de los tiempos verá al ser del invisible astral, el ser que rodeó y cohabitó su casa protegiendo su destino - Al Ángel que con él habló telepáticamente revelándole los misterios al llegar.

¡Será así, el comenzar del Amor!

Parece que los sucesos en cuestión estimularán en los humanos sobrevivientes el desarrollo de ciertas facultades psíquicas, como la visión astral.

Con el andar del 2000 - La nueva Tierra sabrá del prolongado existir del hombre nuevo. Éste hablará sin gutural expresión - Verá sin vista - Pensará sin mente - Sustentará sin boca, Será de superior aspecto y hermosa faz - Conocerá el traslado sin cuerpo y será dueño del único mirar.
¡Tercer ojo - Cuarta dimensión!

Este hombre nuevo aparentemente convivirá con los sobrevivientes, o tal vez nacerá de ellos mediante algún tipo de mutación.

El hombre nuevo - El del único mirar - Mostrará contextura sin males. El microbio enfermante desaparecerá por ineficaz.

El hombre nuevo será de cobriza tez - Resultante del fundido de razas. Será dueño de fuerza física de tres hombres de ayer.

Enseñará: Vehemencia en vehemencia - Ponderación en ponderación - Belleza en belleza - Oración en oración - Será en el libre albedrío y la libre acción.

El hombre del único mirar - Desconocerá el apetito carne - Porque él será en nuevo amor.

¡El nuevo amor será Paz!

Cristo en el Amor de Paz - Rey triunfante será en el 2002, entonces todo habrá regresado al mundo en reconocido bien. La mujer será mujer. El hombre, hombre. El planeta Tierra será en verdores, y la fatigada humanidad del pasado siglo reaccionará y observará feliz porque la confirmación de Israel en Canaán habrá sido.

¡El Sol será en el Sol!

Finalmente cada cosa estará en su lugar, y aparentemente se iniciará un nuevo ciclo.

«La era nueva» observa que a lontananza se forma una civilización que fue en un ayer de milenios y que ella se apresta a llegar al mundo Tierra, luego del 2000. Ella será en amor, basada en talentosos hombres y madres mujeres.

"da era nueva", observa, que á lontananza
se forma una civilización que fue
en un ayer de mileños- y que, ella se
apresta á llejar al mundo Tierra, luego
del 2000. Ella será en amor, basada
en. Talentosos hombres y de madres mujeres.

El Apocalipsis de los fuegos nuevos, de la bomba, de la explosión «hongo», de los gérmenes, de los gases, de los ácidos... Terminará en el comienzo. En el Reino.

= El Apocalipsis de los fuegos
nuevos _ de la bómba _ de la
explosión "hongo _ de los gérmenes _
de los gáses _ de los acidos ...
Terminará en el comienzo _
_ En el Reino _
_

¡La hora diez trae el comienzo del Fin!

i da bora 10 _ Traé
el comienzo del Fin

¡La hora diez trae el comienzo del fin!
La hora once – el fin sin fin –
La hora doce – el fin del fin

¡Hasta el principio!

La hora diez - trae el comienzo - del fin.
La hora once - el fin - sin fin -
La hora doce - el fin del fin...
¡Hasta el principio!

Resumen sobre Solari Parravicini

Las profecías seleccionadas son tan claras que apenas necesitan comentario alguno. Para Benjamín Solari Parravicini el cataclismo estallará de forma inesperada. Aparentemente, pensó que estallaría a finales de siglo y que terminaría en el 2002 con el advenimiento de una era de esplendor y paz. Como resultado, la Tierra será azotada por grandes tempestades de fuego y finalmente quedará calcinada. Los mares se alborotarán y cubrirán grandes zonas hoy habitadas. A continuación vendrá una época de frío y oscuridad. Después las aguas harán su parte del trabajo y, por último, se calmarán. Más tarde saldrá de nuevo el sol, y los pocos sobrevivientes, en los que tal vez se produzca algún tipo de mutación genética favorable, comenzarán una nueva era que promete ser esplendorosa, pues según sus palabras textuales no habrá enfermedades tal como hoy las conocemos, y reinará la libertad, el amor, y la paz. Los países del cono sur del continente americano, especialmente Argentina, serán los que mejor librados saldrán de la catástrofe, convirtiéndose en benévolo y amoroso refugio para los supervivientes.

Aunque Parravicini repite mucho los años 2000 y 2002, no deja de ser significativa su mención a las «horas»: «la hora diez», «la hora once» y sobre todo «la hora doce». ¿Estaría veladamente hablando de los años 2010, 2011 y 2012?

Profecías de diversas épocas
sobre el final de los tiempos

Tanto en la Grecia como en la Roma antiguas, cimientos ambas de nuestra civilización occidental, la pasión por los oráculos y las sibilas fue notoria. Los emperadores mandaban con frecuencia embajadas a consultarlos, y eran objeto de gran veneración popular. Entre los oráculos cuya fama ha llegado a nuestros días se hallan los de Heliópolis, Delfos, Tibur o Cumes. Se dice que la cuarta Égloga de Virgilio está totalmente basada en las predicciones de la sibila de Cumes. Éstos son siete de los setenta y tres versos que la componen:

Ultima Cumaei venir jam carminis aetam;
Magnus ab integro saeculorum pascitur ordo.
Jam et redit et Virgo, redeunt Saturna regna;
Jam nova progenies caelo demittitur alto.
Tu modo nascenti puero, quo ferrea primum,
Desinet, ac toto surget gens aurae mondo.
Casta, fave, Lucina: tuus jam regnat Apollo.

Que, traducidos al castellano, resultan:

Ya llega la última era de la predicción de Cumes;
de nuevo comienza el gran orden de los siglos.
La Virgen vuelve al reinado de Saturno;
ya una nueva raza desciende del alto cielo.
Por el niño que nace terminará la edad de hierro;
luego la raza dorada se extenderá por todo el mundo.
Ayúdalo, casta Lucina:
ya reina tu Apolo.

Parece que se refiere al final de la presente era y al comienzo de otra, llena de promesas y esplendor, y también al hombre nuevo que la habitará.

Una constante en todos los textos proféticos antiguos es la predicción de que este ciclo terminará con fuego, al igual que el anterior lo hizo mediante el agua, como confirman las tradiciones del diluvio universal, presentes en muy diferentes y distantes culturas.

Según Lucano: «El fuego destruirá al mundo, nada escapará al furor de las llamas el día en que el cielo y la tierra se confundan en una sola hoguera». Séneca escribió: «Cuando llegue el tiempo en que el mundo fenezca para renovarse después, las cosas se destruirán por sí mismas, las estrellas chocarán con las estrellas y la materia se incendiará por todos sus lados. Toda la armonía que admiramos hoy arderá en un fuego universal». No se requiere mucha imaginación para ver en esas cosas destruyéndose por sí mismas y esa materia que se incendia por todos sus lados la descripción de un desastre nuclear, incluso con reacciones en cadena.

Alan Vaughan cita a la médium Eileen J. Garrett, caso muy parecido al de Cayce, pues al despertar de sus trances no recordaba nada de lo dicho por sus personajes, ni reclamó nunca para sí responsabilidad ni mérito alguno por tales manifestaciones, pese a haber efectuado sorprendentes predicciones que luego resultaron confirmadas. Transcribo el resumen de una sesión a la que asistieron el doctor Abraham Wallace y sir Arthur Conan Doyle, publicado por R. H. Saunder en la revista *Health*, y en la cual «Abduhl Latif», personalidad que se ocupaba principalmente de curaciones, profetiza sobre la Atlántida:

Sir Arthur Conan Doyle: «¿Puede usted dar alguna fecha aproximada del hundimiento de la Atlántida?».

Abduhl Latif: «...*No es realmente cierto que el pueblo de la Atlántida no pudiera conservar anales. Muchos de ellos serán encontrados algún día por ustedes y deben de haber transcurrido algo así como 15 000 o 16 000 años desde el tiempo de mi propia vida (siglo XII) hasta el de las razas perdidas de la Civilización Atlántida. Mucha gente les dirá a ustedes que la Atlántida se desvaneció repentinamente. Eso no es cierto. Hubo una serie de tres erupciones cataclísmicas que causaron la gradual desaparición de aquella tierra...*

»...*Hay grandes monumentos, tumbas que habrá que abrir; se producirán cataclismos que traerán hasta ustedes desde el fondo del mar lo que juro en el nombre de Dios Todopoderoso que es cierto...*».

Doctor Abraham Wallace: «Me han dicho que en los primeros días tenían naves aéreas, y las movían por medio de energía».

Abduhl Latif: «*Yo no digo que tuvieran naves aéreas, sino que tenían medios de volar; también tenían medios de producir luz de la fuerza etérea, que es el equivalente ahora de la energía eléctrica*».

143

Doctor Abraham Wallace: «Entiendo que la utilización de esa energía etérea con fines aviesos fue la causa de la primera catástrofe de la Atlántida, que hoy en el Continente hay alguna gente que ha logrado cierto conocimiento de eso y que si lo utilizan como se proponen hacerlo, habrá una tremenda catástrofe...».

Abduhl Latif: «Les aseguro a ustedes que tienen toda la razón en lo que oyen de la posibilidad de una catástrofe cataclísmica. Tan pronto como una nación, sea grande o pequeña, alcanza cierto grado de conocimientos, esos conocimientos son con mucha frecuencia una espada de doble filo en las manos de la ignorancia...».

Poco antes de su muerte ocurrida en 1930, sir Arthur Conan Doyle publicó un artículo en el *London Sunday Express* del 20 de julio de aquel mismo año, en el que resumía los mensajes recibidos en relación con el tema de este libro:

«Si relatamos los hechos tal como aparecen en estos diversos documentos y los comparamos con nuestra propia información, el resultado es aplastante. Significaría un periodo de terribles convulsiones naturales durante las cuales perecería gran parte de la raza humana. Parece ser que los agentes serían temblores de tierra de gran intensidad y enormes maremotos. Se hace mención de la guerra pero parece que eso sólo sería en los primeros tiempos, que serían en alguna forma la señal de la crisis.

»En general, pueden resumirse los siguientes detalles.

»Que la crisis sobrevendrá en un instante.

»Que la destrucción general y la total dislocación de la vida civilizada estará más allá de lo que se puede concebir.

»Que habrá un corto período de caos total, seguido de otro en que se hará alguna reconstrucción.

»Que el período total de trastornos será más o menos de tres años.

»Que los centros principales de la perturbación se hallarán en la cuenca del Mediterráneo oriental, donde no menos de cinco países desaparecerán por completo.

»También en el Atlántico, donde habrá una elevación de tierras que será la causante de oleajes que ocasionarán grandes desastres para los norteamericanos, los irlandeses y la costa occidental europea, comprendiendo las costas bajas de Inglaterra. También se indican atroces cataclismos en el pacífico Sur y en la región japonesa».

Sir Arthur Conan Doyle dijo que el momento de estos sucesos estaba «muy cercano».

Se trata de profecías que están en consonancia con las de Cayce y tantos otros más.

Una de las videntes que mayor fama han alcanzado en el presente siglo es la americana Jeane Dixon. Veamos algunas de sus predicciones:

– En otoño de 1944 predijo en la Casa Blanca al presidente Roosevelt, que China sería comunista y que llegaría a constituir el principal problema para Estados Unidos.
– En 1945 participó a un alto oficial de la delegación hindú que su país se dividiría en dos en junio de 1947, como resultado de una controversia interna.
– Predijo el asesinato de Mahatma Gandhi.
– Sobre Jackeline Kennedy dijo que añadiría mucho encanto y brillo a la corona de su marido, pero que al final la suya terminaría perdiendo totalmente su propio brillo.

- Afirmó que Rusia se hallaba cada vez más dispuesta a sufrir un cambio de gran importancia y que la religión estaría al alcance del pueblo.
- Predijo las muertes de Martin Luther King, de John F. Kennedy y de Robert Kennedy.
- El 20 de febrero de 1968 anunció que Robert Kennedy nunca sería elegido presidente, pues resultaría asesinado en California en junio.
- Manifestó que un papa sufriría durante el siglo XX daño corporal, y que otro sería asesinado y los cardenales harían uso de su poder para reemplazarlo por otro más de su agrado.

También Nostradamus parece implicar a algunos cardenales en el asesinato de Juan Pablo I. Hagamos un inciso para ver la cuarteta IV, 11:

Celuy qui aura couvert de la grand cappe,
Sera induict a quelque cas patrer.
Les cloacce rouges viendront fouiller la nappe,
Soubz meurtre meurtre se viendra perpetrer.

Aquel que será cubierto por la gran capa
será inducido a proteger cierto caso.
Los doce rojos vendrán a escudriñar bajo el mantel,
y sobre un asesinato, otro asesinato se perpetrará.

Todo parece indicar que se le eliminó por no querer «proteger cierto caso» en el cual ya se había derramado sangre. Y tras su muerte algunos cardenales —«doce rojos»— se afanaron por buscar «bajo el mantel» las pruebas que los implicaban.
Seguimos con las profecías de Jeane Dixon:

– Predijo a un amigo que las acciones de la compañía Kentucky Fried Chicken subirían; poco tiempo después su cotización se multiplicó por tres.

– Afirmó que el mayor peligro con que se enfrentará el mundo en el futuro es la China roja, aunque no antes del año 2020.

– Declaró que tendrá lugar un fenómeno natural que originará cambios profundos en el planeta y finalmente la humanidad disfrutará de la paz tan largamente ansiada, pero eso no ocurrirá sin gran sufrimiento y sin pasar por una auténtica renovación espiritual.

Parece que Jeane Dixon se especializó en efectuar predicciones de carácter político, y al cumplirse muchas de ellas su fama se extendió enormemente.

Mensajes de los
extraterrestres

Los mensajes recibidos de fuentes supuestamente extraterrestres referentes al cambio que próximamente experimentará la humanidad son abundantísimos. Los siguientes son algunos fragmentos muy claros, recibidos por Sixto Paz Wells, líder de la conocida «Misión Rama», pertenecientes a su libro *Mensajeros del Cosmos: la puerta a las estrellas:*

«No se preocupen de cómo va a cambiar todo, preocúpense de que el cambio sea efectivo en ustedes, pues si se encuentran dispuestos y conscientes, podrán guiar y orientar a aquellos que ya sufren frente al fin de las estructuras materiales y al peligro del derrumbe de los dogmas y de las organizaciones religiosas... La etapa que se ha iniciado es la del fin de las formas rígidas externas y la profundización de las filosofías a través de una espiritualidad dinámica y práctica... El planeta Tierra va a dar un salto cuantitativo y cualitativo hacia la cuarta dimensión, de tal manera que al elevarse la vibración planetaria quienes no puedan elevarse también no tendrán oportunidad de sobrevivir allí; pero no sólo espiritual, sino materialmente hablando. Y todo esto está tan cerca como para que no se volteen a ver si ocurre o no... Las vertiginosas transformaciones en el ámbito político, social y económico que están observando en el mundo así como el caótico comportamiento geológico y climático, aunado a los movimientos amenazadores de diversos cuerpos estelares a su alrededor, son las señales que de alguna manera aguardaban. Pero recuerden que el futuro no tiene por qué ser más traumático de lo que está siendo el presente, pues en ustedes está el poder de cambiar las cosas. Simplemente tienen que despertar sus potencialidades... El mundo no se va a acabar, se va a transformar, pero a partir de vuestra propia transformación personal. La vida en la Tierra está sujeta a una dinámica de cambio y transformación continuos, por tanto catástrofes ha habido siempre y seguirán existiendo mientras el ser humano no sea totalmente consciente de sus potencialidades internas... La mente es poderosa, pero más cuando canaliza la energía del corazón, la transformadora luz del amor. Cuando una buena parte de la humanidad sea capaz de vibrar en armonía, equilibrio y esperanza, el planeta mismo reaccionará con equilibrio y estabilidad... Las profecías y anuncios de catástrofes son la proyección de todo cuanto ha venido siendo programado a lo largo de milenios, con actitudes y pensamientos equivocados. Pero, como bien saben las profecías no han sido dadas para que se cumplan sino para que no se cumplan. La humanidad tiene la capacidad de revertir el futuro, pero para ello hay que creerlo para crearlo... Las leyes universales enseñan que "Todo es mental" y que "Todo vibra", que uno puede crear lo que cree y que la palabra es creadora. Por tal razón, nuestros mensajes no son categóricos al señalar posibles calamidades. Nosotros insistimos en que todo ello puede ocurrir, pero que no necesariamente tiene que pasar... Un futuro inexorable no es compatible con la existencia del libre albedrío».

****

Y el siguiente es uno de los diálogos contenidos en el libro *Contactos y mensajes extraterrestres en Guatemala*, del doctor Arturo Abril T. Su sentido y claridad hacen que merezca ser reproducido aquí:

-¿Es nuevo el tema de la transformación planetaria y de los momentos álgidos?

-*No. Hace años, siglos y milenios que se habla de esto; bastaría con leer a los profetas bíblicos, en especial a Juan en el Apocalipsis, las proyecciones de la Gran Pirámide, las profecías de Nostradamus, los escritos sobre Edgar Cayce y otros más en el presente siglo.*

-¿En qué consistirá esa transformación planetaria?

-*El planeta tierra ha entrado en una etapa de transición en su evolución material y espiritual. El inicio del tercer milenio tiene una gran significación en la alborada a una nueva era para el planeta y para su humanidad.*

-¿Cuáles son las causas espirituales de la transformación e higienización planetaria?

-*La decadencia humana, principalmente la moral.*

-¿Cuáles serán las causas materiales que precipitarán la transformación planetaria?

-*Un fenómeno en el espacio exterior, relacionado con un cuerpo celeste.*

- ¿Detectará la ciencia ese cuerpo celeste y le dará su pleno significado?

-*Apegados al criterio científico de ver y tocar para creer, cuando esto sea, será ya demasiado tarde para que la ciencia desempeñe un papel importante en la toma de medidas y actitudes preventivas para la humanidad.*

-Si la ciencia no detecta este cuerpo celeste con sus instrumentos, ¿no será lógico rechazar su existencia?

-Lo ilógico es no pensar que antes de que un cuerpo sea visible a través de los aparatos de investigación terrestre, su influencia puede ya sentirse en los cambios y desequilibrios que ocasiona en todo el planeta.

-¿Cuáles serán los efectos que causará el acercamiento a la tierra de este cuerpo proveniente del espacio exterior?

-Los efectos se relacionan con la física universal y con una serie de leyes aún desconocidas por los cerebros humanos, pero básicamente tendrán que ver con fuerzas magnéticas.

-¿Cuándo se empezarán a sentir en el planeta tierra los efectos de tal magnetismo?

-Ya se están sintiendo de una forma gradual, pero será en adelante cuando se manifiesten más marcados y violentos.

-En forma más clara, ¿cuáles serán las consecuencias de tales efectos en el planeta tierra?

-El primer efecto ha tenido y tendrá relación con un cambio en el eje terrestre —verticalización—, lo que está llevando y llevará a un movimiento de los casquetes polares, a su deshielo con sus consecuencias secundarias. Además, todos los elementos de la tierra, de una o de otra forma, tendrán alguna actividad.

-¿Cuál será la actividad de los elementos de la naturaleza?

-Un aumento en el movimiento de las placas terrestres, lo que originará sacudimientos cada vez de mayor intensidad y magnitud.

La actividad volcánica se incrementará y, para asombro de la ciencia, muchos volcanes aumentarán su actividad y otros que han estado inactivos se activarán. En cuanto al agua y al aire, habrá una serie de cambios climatológicos que admirarán a muchos científicos. Se acrecentará el índice de lluvias en algunos lugares, habrá inundaciones, ciclones, tornados, huracanes y maremotos. *Todo esto se vendrá a unir a la gran alteración ecológica causada por el propio hombre, principalmente por la contaminación química y nuclear.*

-¿A qué se debe esta transformación planetaria?

-*El planeta debe higienizarse espiritual y materialmente, para dar inicio a una nueva era.* Esta higienización no es ningún castigo universal, sino simplemente lo que la misma humanidad ha generado con sus propios actos negativos. Ya que no aprendió a través del amor aquello que los grandes instructores y maestros vinieron a enseñar, tendrá que aprenderlo mediante el dolor.

-¿El dolor hermana al hombre?

-*La historia lo demuestra. La humanidad se hermana únicamente a través del dolor. Las grandes catástrofes y tragedias mundiales así lo evidencian. Sólo en esos momentos de dolor se olvida el hombre de las barreras sociales y económicas, y desaparecen las fronteras, las nacionalidades, las religiones y las ideologías, lo que permite estrechar la mano del prójimo y darle un abrazo de hermano.*

-¿Cuál es la importancia que tiene esta época actual?

-*Se está iniciando la última etapa de transformación terrestre, para dar paso a una nueva era, con un planeta higienizado.*

-¿Qué otros cambios experimentará el planeta en esta transformación?

-*Se producirá un desequilibrio total en cuanto a las acostumbradas estaciones. Lloverá donde nunca llovió, nevará donde nunca nevó, habrá frío donde nunca lo hubo, y calor en áreas de clima frío. En unos lugares faltará agua, y en otros la habrá en exceso. Los fenómenos climatológicos y geológicos se multiplicarán.*

-¿Cuál será el papel de los extraterrestres en los momentos álgidos?

-Ayudar espiritual y materialmente a aquellos que lo merezcan, según la vida que hayan llevado.

-¿Cuál será la ayuda espiritual?

-Tratarán con los medios a su alcance de ayudar a que las mentes no se desequilibren por tales acontecimientos, además de otras formas de auxilio.

-¿Cuál será la ayuda material?

-Será muy variada, pero entre otras cosas guiarán a los sobrevivientes hacia los puntos marcados y algunos incluso serán transportados materialmente.

-¿Qué pasará con los continentes actuales?

-Todos serán cambiados. Algunos quedarán sumergidos bajo las aguas de los océanos, mientras que otros, hundidos hace miles de años..., ¡emergerán!

-En cuanto a América, ¿cuáles serán los puntos de supervivencia en esta transformación?

-Toda la cadena montañosa que se inicia en la Sierra Madre de México, y luego continúa por Centroamérica y Sudamérica para terminar en la Tierra del Fuego. En Guatemala, es la sierra de los Cuchumatanes.

-Entonces, ¿en América Latina deberán buscarse los puntos más elevados?

-Sí. Independientemente de en que país de América Latina se esté, habrá que buscar las montañas indicadas y los puntos más altos.

-¿Qué requisitos hay que cumplir para ser ayudado por los hermanos extraterrestres en los momentos álgidos?

-*Amar a los semejantes...*, *estar cumpliendo con el «amaos los unos a los otros».*

-¿Podría agregarse algo más acerca de los lugares que servirán de albergue a los sobrevivientes en los últimos momentos?

-*La naturaleza será en todos sus aspectos la que cobijará y alimentará a los moradores. Las estrellas serán su techo y las ramas de los árboles su abrigo.*

-¿Dan los hermanos extraterrestres fechas exactas acerca de estos acontecimientos?

-*No. Lo que dan son lineamientos para que el ser humano saque sus propias conclusiones a través del análisis y la intuición.*

-¿Terminará el planeta tierra?

-*¡No! Transformación no significa fin. La tierra seguirá existiendo, pero transformada en todos los órdenes. Sólo que para entrar en una etapa de existencia superior, sus moradores deberán sufrir, a fin de purificarse, los efectos de las causas generadas por ellos mismos.*

-Después de que la transformación se haya dado, ¿qué pasará? ¿Cómo será el planeta, su naturaleza y sus moradores? ¿Qué leyes gobernarán? ¿Qué ocurrirá con los hermanos extraterrestres?

-*El planeta entrará en una nueva era en su evolución y desarrollo en todos los órdenes. Cambiará la configuración geográfica. Se modificará la posición de los polos. Emergerán tierras fértiles por haber estado miles de años en el fondo del mar. Su naturaleza será más equilibrada y no existirán cambios bruscos.*

-¿Cómo serán sus moradores?

-*Después de haber sufrido la dura transformación, sus moradores iniciarán la nueva era con un cambio total en todas sus estructuras: morales, sociales, económicas, científi-cas y, especialmente, espirituales.*

La base del progreso será el amor. La división dejará de existir y a través de la hermandad y la unificación iniciarán un nuevo ciclo evolutivo en el cual avanzarán rápidamente en todos los aspectos, de una forma no entendible para el ser humano actual. Serán los fijadores de una nueva raza, en la que se pondrán en práctica los principios y preceptos dados desde hace muchos siglos por los grandes maestros e instructores.

-¿Qué ley gobernará al planeta tierra en la nueva era?

-El amor.

-¿Qué características tendrá el ser humano de la nueva era?

-Tendrá un desarrollo progresivo en todos los aspectos: físico, mental, emocional y principalmente espiritual.

-¿En qué consistirá ese desarrollo?

-Las virtudes llamadas mansedumbre, fraternidad, respeto, hermandad, paciencia, humildad, sencillez, ternura, fuerza de voluntad, perseverancia, discernimiento y otras se manifestarán plenamente. Su inteligencia y su capacidad mental se ampliarán y las facultades latentes crecerán como crecen las rosas en un suelo fértil y abonado.

-¿Cuáles son esas facultades que «despertarán»?

-Algunas ya son conocidas, como la intuición, la telepatía, la clarividencia, etc., además de otras no conocidas ni imaginadas por el hombre.

Terence
McKenna

Terence McKenna es una de las figuras más importantes de la contracultura norteamericana de finales del siglo XX. De hecho, en una ocasión, Timothy Leary (apóstol del LSD durante los sesenta y setenta), le pasaba la antorcha psicodélica a McKenna presentándolo como «el Tim Leary verdadero». Se graduó en la Universidad de Berkeley, en una licenciatura distribuida entre Ecología, Conservación de Recursos y Chamanismo, y viajó extensamente por Asia, Europa y Sudamérica durante toda su vida. Durante estos viajes, entró en contacto profundo con la dimensión trascendente del ser humano. Después de haber conocido monjes tibetanos, místicos y chamanes, de haber bebido de sus pócimas y de haber participado en sus rituales, McKenna volvió al seno de la civilización occidental e intentó fundir su nueva recién ampliada visión de la realidad con el pensamiento eminentemente tecnocéntrico y racionalista imperante en nuestra cultura. Sus extraordinarias dotes para la oratoria —era capaz de estar diez horas seguidas hablando— lo convirtieron rápidamente en un personaje que había que tener en cuenta en la escena cultural *underground*. Sus heterodoxas teorías hicieron que fuera considerado como un verdadero visionario o incluso como una especie de superhombre por algunos y como un charlatán alucinado por otros (sobre todo desde los estamentos científico e intelectual). Pero el hecho innegable es que su pensamiento ha influenciado a un gran número de artistas, pensadores y creadores de *software* (existe un culto hacia su persona en Silicon Valley). Después de leer a McKenna, cosas como *Matrix* o *Expediente X* se ven con ojos distintos. Como dice Tom Robbins en el prefacio de *The Archaic Revival*, sus ideas nos maravillan no porque sean radicalmente nuevas, sino porque las reconocemos como algo profundamente olvidado.

Junto con su compañera, Kate Harrison, McKenna fundó Botanical Dimensions, una organización sin ánimo de lucro dedicada a preservar plantas de tradición chamánica del Amazonas en un terreno de diecinueve acres ubicado en Hawai. Publicó más de una decena de libros, entre los que destacan títulos como *The Archaic Revival*, *History Ends in Green* y *Food of the Gods*, *The Search for the Original Tree of Knowledge*. Su última obra, *Maya Cosmogenesis 2012: The True Meaning of the Maya Calendar End-Date*, se editó en 1998. En castellano se han publicado cuatro de sus obras: *El manjar de los dioses*, *Caos, creatividad y consciencia cósmica* (con Ralph Abraham y Rupert Sheldrake), *Pensamiento psicodélico* y *Alucinaciones reales*. Murió el 3 de abril del 2000 en San Rafael, California, víctima del cáncer.

En la década de los setenta, Terence McKenna, junto con su hermano Dennis, a consecuencia de un estudio realizado sobre el I Ching o Libro de las Mutaciones, llegó a la misma conclusión que los mayas, desarrollando entonces su teoría de «la onda del Tiempo Cero y el Lenguaje» (*Timewave Zero and Language*).

PREGUNTA: ¿Todavía crees en el 2012?

TERENCE McKENNA: ¿Que si creo en la cúspide de la novedad en el 2012? Bien, para aquellos que no están familiarizados con mi trabajo, cuando he hablado esta noche sobre la espiral de involución y el modo en que cada avance hacia la novedad aparece cada vez más rápidamente, no estaba simplemente conjeturando. Tengo un formulismo matemático con el cual he decidido no aburriros ahora –y deberíais estar agradecidos, os lo aseguro–, que me ha conducido a la conclusión de que, más que un Big Bang en el comienzo, hace unos 10, 12 o 19 mil millones de años, una cosmología más apropiada sería lo que yo llamo «la Gran Sorpresa». Y la Gran Sorpresa no surge de un puro vacío de sinrazón, sino de la integración de la complejidad en una convergencia holográfica de varias dimensiones en un punto singular. Estas ideas las tomo de Alfred North Whitehead, de lo que él llamó la «concrescencia», y sí, pienso que estamos cerca del objeto trascendente del final del tiempo, que ocurrirá probablemente a finales del 2012. Las razones para ser tan específico son demasiado complejas como para profundizar ahora, aunque os diré que de hecho, es la misma fecha con la que acaba el calendario maya. Lo único que tengo en común con los mayas es que ellos tomaban hongos, y que yo también los he tomado, así que, quizá, todo esto no sea otra cosa que el «código de barras» impreso en el hongo, pero el asunto es que cuando juntas todas las piezas, no importa en qué lugar del espacio o del tiempo te halles, siempre hay un vector que apunta a los primeros años del siglo XXI, y entonces se vuelve explícito el hecho de que nos hallamos en un proceso de transformación exponencial.

¿Por qué razón un individuo del siglo XX coincide con una vieja civilización mesoamericana a la hora de fijar una fecha en la que se producirá la transformación del mundo? Personalmente, no creo que se deba al uso de los hongos psicodélicos. Más bien sospecho que cuando inspeccionemos la estructura más profunda de nuestro inconsciente haremos el inesperado descubrimiento de que está ordenada de manera idéntica al universo del que forma parte. Es ésta una noción que, a pesar de su naturaleza inicialmente sorprendente, muy pronto es percibida como obvia, natural e inevitable.

Establecer una analogía con las dunas del desierto quizás ayude a comprender mejor este fenómeno. Las dunas tienen la interesante particularidad de que se asemejan a su fuerza creadora, el viento. Cada uno de sus granos de arena podría ser comparado a los bits de un ordenador. El viento sería entonces el dispositivo de entrada de datos que dispone los granos de arena hasta convertirlos en una plantilla a menor escala dimensional de un fenómeno superior, en este caso el propio viento. Esto no tiene nada de mágico y ha sido bien explicado: el viento, una fuerza variable en el tiempo, moldea la forma de la duna, una estructura variable en el espacio. En mi opinión, los organismos son como granos de arena dispuestos según el flujo y la presión de los vientos del tiempo.

Consecuentemente, tales organismos llevan en sí la marca de las variables inherentes al medio temporal en que surgieron y se desarrollaron. El ADN actuaría como la pizarra desnuda en la que se inscribe la secuencia y las diferencias relativas de las cambiantes variables temporales. De ello se deduce que aquellas técnicas, como el yoga o el uso de plantas psicodélicas, centradas en las relaciones energéticas existentes en el interior de un organismo dotado de vida tendrían la facultad de otorgar el conocimiento profundo de la naturaleza variable del tiempo. La secuencia del I Ching es producto de este tipo de conocimiento. La cultura humana se constituye en una curva de creciente potencialidad. En nuestro torturado siglo esta curva se ha disparado de modo vertical. El ser humano se ha constituido en una amenaza para todas las especies del planeta. Cada especie del globo se apercibe de la existencia de los materiales radioactivos que hemos acumulado por todas partes. El planeta, como ente sensible que es, está en disposición de responder a tales atropellos. Y con tres mil millones de años de existencia, os aseguro que dispone de numerosas opciones. Nosotros, no.

El Tercer
Testamento

El Tercer Testamento es un texto sorprendente que fue recibido por Roque Rojas en la ciudad de México a mediados del siglo XIX. Los siguientes pasajes del Tercer Testamento parecen aludir directamente al momento histórico del que tratamos en este libro:

«Pocos son los hombres que conocen las señales de que una nueva era ha comenzado... En su mayoría consagran su vida y sus esfuerzos al progreso material y, en esa lucha sorda y a veces sangrienta por alcanzar su objetivo, caminan como ciegos, pierden el derrotero, no saben qué es lo que persiguen, no han logrado ver la claridad de la nueva aurora, no perciben las señales y están muy lejos de haber alcanzado el conocimiento de Mis revelaciones... Pero ha de venir una prueba más, que será un cataclismo mundial, y en ese caos, no serán únicamente los elementos de la Creación los que se desencadenen como en los tiempos pasados; será el espíritu el que se agite y luche, y ese combate formará parte del caos mundial...

La contienda irá aumentando cada vez más, y de cierto os digo que, en medio de esa tempestad, será salvo todo el que cumpla mi Ley... Toda la mala simiente será cortada de raíz y solamente respetará mi justicia la buena semilla, dejando, una vez más, limpia esta tierra; porque después de pasada la prueba vendrá una nueva vida para esta Humanidad... Todo el que practique el amor y la caridad con sus semejantes y consigo mismo será salvo. Yo bendeciré esta virtud y por ella haré que los hombres encuentren espiritualmente el Arca de salvación en este Tercer Tiempo, no solamente la salvación de su vida humana, sino la salvación y la paz de su espíritu. Se acerca el tiempo de las grandes pruebas, en el que se desatará la lucha de secta contra secta, de religión contra religión... ¿Cuánto tiempo durará esa contienda? No lo podéis saber. Pero de cierto os digo que será el tiempo suficiente para preparar el espíritu de los demás hombres; será el tiempo necesario para que todos, hasta la última de las criaturas, despierten aun en su edad infantil, para que todos podáis daros cuenta del tiempo en que vivís y tengáis el conocimiento de vuestra responsabilidad ante la justicia divina, que llama a la regeneración a todos los espíritus...»

[...]

»Esta tempestad pasará y nuevamente veréis en el firmamento la señal de mi pacto con los hombres; mas no será el iris material con sus siete colores, sino la luz del Espíritu Santo en plenitud, la que se manifieste a todos los espíritus... Porque en este tiempo quedaréis rescatados, con mis enseñanzas, de las cadenas de la ignorancia; y un nuevo tiempo de paz y de bienandanza ofreceré a la nueva Humanidad formada por seres despojados de materialismo, regenerados hasta la médula de sus huesos. En ella vendrán a encarnar los espíritus que han despertado ante mi luz, los que han sido grandemente preparados, para volver a los caminos del mundo a sembrar la virtud y la verdad en cumplimiento de mi Ley... El tiempo de los ritos, de los altares y de las campanas de bronce va a pasar ya entre la Humanidad. La idolatría y el fanatismo religioso darán sus últimas señales de vida; vendrá ese tiempo de lucha y de caos que os he estado anunciando. Y cuando la paz haya vuelto a todos los espíritus, después de la tempestad, los hombres no volverán a construir regios palacios en mi honor, ni las muchedumbres serán llamadas con la voz de los bronces, ni los hombres que se sienten grandes levantarán sobre las multitudes su poder. Vendrá el tiempo de la humildad, de la fraternidad, de la espiritualidad, trayendo consigo igualdad de dones para la Humanidad...».

Una vez más estamos ante la promesa de una era de prosperidad, paz y elevación espiritual para los seres humanos, después del cataclismo.

El
Apocalipsis

El significado de la palabra apocalipsis no es otro que «revelación», sin implicar ningún matiz catastrofista, aunque con el paso del tiempo sea éste el significado que le ha quedado. Al igual que hay muchos más evangelios aparte de los cuatro bíblicos, también existen numerosos apocalipsis. Al ser seleccionados los libros que pasarían a formar parte de las «Sagradas Escrituras», aquellos que por un motivo u otro no convenían a los intereses eclesiásticos fueron desechados con la etiqueta de apócrifos. Los otros, evidentemente los más «inocentes», se convirtieron en canónicos. Entre los apocalipsis apócrifos se hallan el Libro de Enoch, el Apocalipsis de Moisés, el Testamento de los Doce Patriarcas, el Cuarto Libro de Esdras y el Apocalipsis de Sofonías. En opinión de Frederick Beynon, erudito autor del libro *Revelaciones de los Libros Sagrados*, si el Apocalipsis de san Juan se salvó de la quema fue simplemente porque auguraba una serie de infiernos que resultaban muy útiles para la Iglesia, a la hora de amenazarnos con castigos y condenaciones eternas.

Según dice san Juan, esta revelación la recibió en la isla de Patmos, sobre el año 90 de nuestra era.

Al examinar la técnica empleada por el autor del Apocalipsis, hay varios aspectos que llaman poderosamente la atención. Para comenzar, contiene únicamente 913 palabras distintas. Si excluimos los 42 nombres propios que aparecen a lo largo del texto, quedan sólo 871 vocablos diferentes, muy pocos para una obra de su extensión. Podríamos pensar que se trata de un literato de escasos recursos; sin embargo, no es así, porque de esas 871 palabras, 108 no son usadas en ningún otro lugar del Nuevo Testamento. Estamos pues, ante un tipo de narrativa distinta. No es un lenguaje erudito ni vulgar, es simplemente eso: distinto.

Lo primero que sorprende en él es la avalancha de números que aparecen. El siete, número sagrado para la mayoría de los pueblos del Próximo Oriente y número esotérico por excelencia, se presenta en multitud de formas. También el cuatro, al igual que el doce, y sus múltiplos, como el veinticuatro o el ciento cuarenta y cuatro mil. Su composición total, como veremos seguidamente, abarca la forma de «siete veces siete».

Estructura del Apocalipsis

1. Las siete Iglesias y los siete candelabros:
   1. Efeso
   2. Esmirna
   3. Pérgamo
   4. Tiarira
   5. Sardes
   6. Filadelfia
   7. Laodicea

2. El libro y el cordero. Los siete sellos:
1. Caballo blanco
2. Caballo rojo
3. Caballo negro
4. Caballo aceitunado
5. Mártires bajo el altar
6. Cólera divina
7. Silencio en el cielo

3. Trompetas e incienso. Las siete trompetas:
1. Tierra
2. Mar
3. Agua dulce
4. Astros
5. Langostas
6. Caballería invasora
7. Signos del cielo

4. Los siete signos del cielo:
1. La Mujer Celeste
2. El Dragón vencido
3. Las dos bestias
4. El Cordero y los 144 000
5. El Ángel del Evangelio
6. El Ángel contra Babilonia
7. El Ángel y el castigo

5. Las siete copas de la ira:
1. Tierra
2. Mar
3. Aguas dulces
4. Sol

5. Trono de la bestia
6. Éufrates
7. Voz divina

6. Las siete voces celestiales. El cataclismo:
1. Voz del Ángel y Babilonia
2. El ángel contra Babilonia
3. Voz anónima
4. Ángel y maldición
5. Multitud celeste
6. Voz del trono divino
7. Multitud celeste

7. Las siete visiones finales:
1. Caballo blanco
2. Ángel en el sol
3. El combate
4. Prisión milenaria de Satán
5. Reino de los Santos
6. Gog y Magog. Juicio Final
7. Jerusalén celeste
Epílogo

Dentro de esta estructura básica, hay puntos que a su vez se subdividen en siete o en cuatro, y alguna de tales subdivisiones puede segmentarse de nuevo en siete, cuatro o doce. Por ejemplo, el punto denominado «El libro y el cordero. Los siete sellos», que sirve de introducción al grupo 2, se divide a su vez en veinticuatro, en siete y en cuatro puntos, y cada uno de estos últimos cuatro presenta seis cualidades.

Se trata sin duda de un trabajo criptográfico complejo y sutil. Para asegurarse de que ningún copista lo alterara, ya fuera por falta de cuidado o por querer plasmar algo de su propia cosecha, su autor tuvo la buena idea de escribir al final: «Si alguien añadiere algo a estas cosas, Dios le añadirá a él las plagas aquí descritas, y si alguien quitare algo de esta profecía, Dios le quitará a él su porción de los árboles de la vida y de la santa ciudad». Son castigos más que suficientes para desanimar a quienes pudieran caer en la tentación de desbaratar algo, lo cual habría posiblemente causado una irreparable pérdida de la información codificada para la posteridad.

Como siempre, las apariencias engañan. Es sorprendente que un texto que a primera vista parece demencialmente repetitivo y farragoso pueda contener una estructura matemática tan impresionante. No sé si se habrá efectuado algún intento serio para decodificar este libro, lo que requeriría la colaboración de un experto en criptografía y un matemático, ayudados tal vez por un filólogo especialista en griego antiguo y, por supuesto, un informático. Con el apoyo de un buen programa, posiblemente no se tardaría mucho en obtener algún resultado tangible.

El código secreto
de la Biblia

Hace casi sesenta años, el rabino Weissmandel, de Praga, descubrió que colocando todas las letras de la Torah en una matriz de cincuenta columnas, la palabra TORAH aparecía escrita al principio de la columna que iniciaba cada uno de los cinco libros, y pensó que no podía ser debido al azar. Pero sólo hasta ese punto pudo llegar, pues la complejidad de los cálculos necesarios para seguir con su investigación los hacía prácticamente imposibles de realizar. Varias décadas después, con la ayuda de los ordenadores, se llegó a poder considerar la posibilidad de llevar a cabo dicho trabajo. Y esto es lo que se propuso el matemático Eliyahu Rips, profesor de la Universidad Hebrea de Jerusalén, que no cejó en su empeño hasta lograrlo.

Rips, reconocido especialista en el modelo matemático de la física cuántica llamado teoría de grupos, había sido expulsado de Rusia después de haber estado preso por oponerse a la invasión de Checoslovaquia, y había emigrado después a Israel. Estimulado por los estudios de Weissmandel, con el uso de su ordenador encontró muchas palabras codificadas en la Torah, y creyó que su frecuencia superaba la probabilidad estadística. Pensando que había descubierto algo importante, confeccionó un programa informático especial para ese fin y con él comprobó la codificación del Antiguo Testamento. Solicitó la colaboración del físico Doron Witztum, quien dio la forma definitiva al programa ideado por Rips. Entre ambos desarrollaron un sistema informático capaz de ordenar las letras del texto bíblico en todas las retículas o matrices posibles. Así descubrieron que cada matriz contenía un gran número de palabras cifradas y entrelazadas como un crucigrama, superando ampliamente las leyes de la estadística y el cálculo de probabilidades. Al aparecer un nombre, siempre surgían cruzándolo o en su proximidad ciertas palabras que tenían relación con la correspondiente persona, lugar o suceso, y vieron que la posibilidad de dar por azar con la información encontrada era de una entre diez millones. El programa permitió a Rips eliminar los espacios entre las palabras de la Torah, y obtuvo una línea continua de 304 805 letras hebreas. El sistema puesto a punto por Rips y Witztum permite explorar esta línea en busca de nombres, sucesos o lo que se quiera buscar, verificando desde la primera letra todas las secuencias alternas posibles, formando palabras con saltos de entre uno y miles de espacios entre letras, repitiendo la secuencia comenzando por la segunda letra encontrada, hasta formar el nombre, palabra o frase solicitado. También se pueden buscar fechas, dado que cada letra hebrea posee un valor numérico. Una vez encontrada la palabra, el programa puede buscar vocablos relacionados, en hileras de letras con cierto número de letras para cada hilera. Es decir, confecciona un crucigrama para cada consulta realizada. En ese crucigrama se lee el nombre buscado, así como las palabras que lo cruzan en sentido horizontal, diagonal o vertical, ya sea de delante hacia atrás o viceversa. Y precisamente esas palabras son las que contienen el mensaje codificado de la Biblia para ese nombre, suceso o fecha. Cada referencia consultada muestra palabras o frases relacionadas con ella, y lo hace de una manera que sorprende por su simpleza y exactitud. Como ejemplo, podemos ver que algunos de los términos relacionados con HITLER son hombre diabólico, nazi, enemigo y exterminio. Por su parte, SHAKESPEARE aparece conectado con «presente en el escenario», Macbeth y Hamlet, mientras que EINSTEIN tiene que ver con «cambia la realidad presente», ciencia y «una nueva comprensión». Entre otros hechos que aparecen claramente codificados, hallamos:

1) La guerra del Golfo, que está expuesta con sorprendente precisión y detalles.

2) El impacto de un cometa en Júpiter, hecho sucedido en julio de 1994, que figuraba con los nombres Shoermaker-Levy, los apellidos de quienes en 1993 lo descubrieron.

3) El asesinato de Itzhak Rabin, primer ministro de Israel, ocurrido el día 4 de noviembre de 1995, fue encontrado en el código con un año de anticipación. Se advirtió, se avisó, mas no fueron escuchados. Una vez sucedido el hecho, comprobaron que en la matriz del crucigrama correspondiente al primer ministro figuraba el nombre del asesino: Amir.

Rips y Witztum publicaron su trabajo en agosto de 1994 en la prestigiosa revista matemática *Statistical Science*. Para ello seleccionaron, en *The Encyclopaedia of Prominent Jewish Scholars*, una lista de treinta y cuatro sabios a los que la enciclopedia destinaba más de tres columnas, buscando para cada uno una fecha que le fuera característica. Aplicado el programa bajo la supervisión de otro catedrático de Harvard, aparecieron los nombres de los sabios codificados junto a sus respectivas fechas de nacimiento y muerte. Para el matemático Robert Aumann, el código secreto de la Biblia «psicológicamente es muy difícil de aceptar, pero los procedimientos científicos usados son impecables».

El periodista norteamericano Michael Drosnin publicó este descubrimiento en 1997 en su libro *El código secreto de la Biblia*, que se convirtió rápidamente en un éxito mundial de ventas. Para ello, según sus propias palabras, «tuvo que aprender hebreo, y estudiar y comprobar el código durante cinco años».

Al analizar el texto de la Biblia con el programa Rips y Witztum, los años 2010 y 2012 aparecen junto a «cometa». Las palabras «días de horror» atraviesan el 2010. Justo debajo vemos «oscuridad» y «tinieblas»; atravesando ambas palabras hallamos de nuevo «cometa». En las líneas superiores se ve «Tierra aniquilada». En cuanto a las que cruzan o están junto a 2013, se puede ver «desolada», «vacía» y «despoblada»...

Sin embargo, y coincidiendo con muchas de las profecías sobre el final de los tiempos, donde aparece codificado el 2012 se afirma también que el desastre podrá evitarse, que el cometa será bloqueado, que «se deshará, será arrojado lejos, se romperá en pedazos».

Ken
Carey

Siguiendo un impulso interior, un buen día Ken Carey dejó su empleo en el servicio de correos norteamericano y compró una casa en pleno monte, a unos veinte kilómetros del pueblo más cercano. En ella vivió con su esposa e hijos durante los siguientes siete años, sin electricidad, agua corriente, radio, televisión, periódicos ni revistas. Sus prioridades en esos años fueron criar sanos a sus hijos y cultivar alimentos saludables. El agua la transportaban desde un manantial cercano, y para calentarse y cocinar cortaban leña. En verano nadaban en el río y exploraban las cuevas de los alrededores. En invierno, por la mañana, rompían el hielo del abrevadero para que los animales pudieran beber. Según sus propias palabras, sus vidas transcurrían en unión con la Tierra, enraizándose en el suelo, en los demás y, dentro de sus posibilidades, en Dios. Llevando esa sencilla vida y totalmente ajeno a los medios de comunicación exteriores, Ken comenzó en 1985 a recibir mensajes procedentes de «su interior». Intrigado y cautivado, dedicó su tiempo libre a reflexionar sobre dicho fenómeno.

Llegó a comparar su cuerpo y su mente con una especie de aparato de radio biológico, capaz de sintonizar diferentes frecuencias de información. En las frecuencias más claras y sutiles, descubrió la existencia de un grupo de seres de gran inteligencia, a los cuales tan sólo puede aludir vagamente, que pueblan frecuencias más elevadas del *continuum* de luz y energía, y que viven, «respiran» y reciben su propio ser de la eterna presencia de esa realidad a la que llamamos Dios. Las comunicaciones o «mensajes» recibidos de dichos seres, a los que podemos llamar ángeles, fueron publicados por Carey en varios libros. Los temas son muy variados pero siempre enfocados a la mejora del ser humano y al despertar espiritual. En todas las obras de Carey que recogen dichos comunicados estelares se menciona de alguna manera el año 2012, considerándolo como un punto de inflexión a partir del cual la humanidad va a cambiar rotundamente:

«Este mundo es como un jardín florido a punto de la recolección. Las hierbas crecen entre los melones y el trigo. La planta de la patata, seca y marchita, se pierde entre el amaranto, la datura y la flor de la maravilla. El jardín ha crecido muy bien, la cosecha será buena, pero los jardineros de este mundo sentirían la abundancia y un potencial mucho mayor que el de ahora, si esperaran tan sólo un poco más de tiempo. Las hierbas no van a hacer mucho daño ahora. Pero una pequeña espera aumentará considerablemente la calidad y la cantidad de la cosecha.

»En el segundo año de la segunda década del siglo XXI, la humanidad habrá alcanzado su momento cumbre en la cohesión con su conciencia colectiva. Para entonces, las frecuencias telepáticas de la creciente conciencia llegarán a una población global mucho más numerosa, consciente e intercomunicada.

El Despertar mismo señalará el principio del milenio, de la profecía. Comenzará al mismo tiempo en que la biología humana informativa active los circuitos globales necesarios, cuando tenga lugar el acontecimiento pronosticado en algunas tradiciones como la extensión de las alas del Pájaro de la Tormenta.

»No esperes que lleguen señales y milagros para creer. Justo delante de ti están sucediendo portentos que hubieran hecho a las antiguas razas volver su mirada a Dios; portentos que esperaban, buscaban, pero nunca pudieron ver» (*Semilla de estrellas*).

***

«Estamos rápidamente desplazando lo que queda de ilusorio en los seres humanos, ayudándolos a identificarse con las corrientes, con las energías, con las fuerzas del amor y la vida. Estás viviendo ya en las horas del alborear de una Era de Despertar Universal, la era de la paz y de la construcción de la comunidad. Está aquí ahora para los que son sensibles a su fragancia, textura, majestuosidad y visión. La era ha comenzado cuando se cultiva la tierra como un jardín de flores y sus regalos se presentan como ofrecimientos conscientes a los jardineros de la belleza eterna, la era en la que la humanidad devuelve esos regalos a la tierra, al suelo, a los manantiales, a las montañas, los océanos, las criaturas del mar, el aire, el fuego y el barro.

»El futuro siempre ha sido un elemento sorpresivo, aunque hay cosas que son tan ciertas como el movimiento de las estrellas.

»Una madre nunca sabe con exactitud a qué hora dará a luz a su hijo, pero tiene una "hora aproximada" en la que se espera la llegada del bebé. Durante milenios han existido aquellos que en las tradiciones del Oriente y el Occidente han sabido que la tierra tiene una fecha aproximada durante la segunda década del siglo XXI. Aunque habrá un despertar de individuos, anterior al primer movimiento unificado del organismo planetario, este movimiento, como la primera respiración, ocurrirá en un momento preciso. Entonces es cuando el Hacedor de las Estrellas será experimentado conscientemente en todo el sistema de vida humana capaz de apoyar esa conciencia universal. »Los bebés a veces nacen antes de tiempo, otras se retrasan. Por tanto, mantente atento y vigilante. No rechaces la posibilidad de que ese momento llegue como un ladrón en la noche. Y no estés entre los que inconscientemente aguardarán hasta el último momento para relacionarse con esa conciencia que está surgiendo. Va a ser una ocasión muy importante. Se trata del acontecimiento central de toda la historia de la humanidad» (*Semilla de estrellas*).

***

«Cuando un hombre experimenta la presencia del Gran Espíritu dentro de sí, percibe el reino de los cielos en el exterior y vuelve a estar en contacto directo con la inteligencia que la Tierra ama y anhela. El ser humano recibe entonces un don muy superior a cualquier beneficio externo: el cauce por donde fluye eternamente el pensamiento de Dios. Al conocer ese pensamiento, puede derramarlo a raudales y compartirlo con sus semejantes. Cuando los seres humanos se abren al pensamiento divino, momento a momento, una nueva inteligencia se lleva, como un remolino, sus ilusiones y falsedades, y reestructura su percepción. De ese modo, el hombre ya no se siente a merced del mundo circundante, que se convierte en un lienzo y un pincel. Entonces el ser humano se reconoce como el artista, capaz de recrear todo lo que contempla.

»Lo primero que se ha de reconocer es que todas las criaturas viven dentro de un único campo de conciencia compartida, que todas son proyecciones de un único Ser y que todos nosotros –ángeles, hombres, animales, vegetales, microbios y minerales– somos aspectos diferenciados de un todo consciente y coherente. Este concepto es la piedra angular de la Nueva Realidad Sagrada, la base del reino de los cielos.

»El segundo reconocimiento se sigue del primero: las partes de ese único Ser, cuando son sanas, no compiten entre sí; se unen y se apoyan mutuamente como las células y órganos de un cuerpo saludable. Y al expresar de modo sencillo y natural la rica variedad de sus perspectivas, se complementan como las partes de un todo.

»Los ángeles, los humanos, los animales, las plantas, los microbios y todos los seres pertenecientes a la realidad que conocemos saben que, como todos proceden de un único Ser, si son saludables, han de vivir en armonía con los restantes componentes de ese Ser. Ahí radica la clave de su seguridad.

»De esa unión proviene la paz que sobrepasa todo lo imaginable, la paz interior a la que se refieren los místicos, la paz de mente y corazón que descubren y conocen todos los hombres y mujeres de Dios. Se produce cuando el ser humano permanece fiel a su naturaleza espiritual y, en consecuencia, vive en armonía creativa con todo lo que de saludable tiene el universo.

»Antes de que venga la paz al mundo, habrán de salir los elementos enfermos. No obstante, eso no implica que tengan que producirse sucesos apocalípticos: no se trata de abandonar el mundo de modo físico; ninguna de las criaturas tendrá que salir de él. Sólo habrán de separarse las ideas que han distorsionado la conciencia de las tribus humanas y las han convertido en sociedades caracterizadas por la falta de honradez, la avaricia y la violencia. Nosotros venimos ahora a la conciencia humana para eliminar esas ideas falsas; muchas de ellas ya han desaparecido y, antes de que termine el ciclo de purificación, se extinguirán las últimas.

»Quienes se identifiquen con la engañosa visión y no puedan distinguir la diferencia entre ellos y lo que se está eliminando, decidirán por propia voluntad abandonar el mundo junto con ese espejismo que ellos han creado. Aunque no sea necesaria tal medida, se aproxima una época en que, si queremos ser justos y vivir en armonía con el Aro Sagrado, no podremos seguir protegiendo a quienes priven a sus semejantes del derecho a la vida. Habrán de proseguir su aprendizaje en zonas ecológicas apartadas donde no perjudiquen a nadie sino a sí mismos.

»Durante miles de años hemos protegido a quienes sirven a los dioses del miedo, evitando que cosecharan toda la violencia que habían sembrado. De lo contrario, las tribus guerreras habrían perecido tiempo atrás. Ahora, es el momento propicio para que suprimamos esa protección. Nuestra milenaria labor educativa ha creado al fin las condiciones adecuadas para la purificación del mundo. Durante el período purificador, no perecerán las tribus guerreras, sino sus costumbres. No permitiremos la presencia de predadores ni de quienes provocan el miedo en sus semejantes. Necesitamos seres que se amen los unos a los otros como los ama el Creador.

»En armonía con las intenciones del Gran Espíritu al que servimos, defenderemos los derechos de todos los seres vivos, excepto los de aquellos que persistan en dar culto a valores contrarios a los de la vida. Ellos cosecharán los resultados de sus acciones y experimentarán, ya sin mitigar, el reflejo de lo que hagan a sus semejantes. Nosotros permitimos todo lo que sucede en el mundo. Y así como podemos conceder el permiso, podemos también negarlo, cuando se ha alcanzado un punto de saturación en el aprendizaje de los hombres.

»Mucho antes de que los mayas tomaran nota de ello, comenzamos a activar las influencias que, un día, acabarían con la condición subconsciente del hombre. No era difícil calcular dónde se llegaría al punto en el que los retrocesos fueran cada vez menores en la curación de las tribus guerreras. Cinco siglos antes del comienzo de la presente era, en las selvas del Yucatán, ofrecimos a los seres despiertos de aquella época un calendario que ellos registraron cuidadosamente en piedra. Ahora se recupera el Calendario Maya de entre el musgo, las hojas, los helechos y los lagartos. Cincelados en él se encuentran las fechas del Gran Día de la Purificación, que corresponden a nuestros años comprendidos entre 1987 y 2011. El solsticio de invierno del último año de este ciclo de veinticinco presenciará la purificación completa y el final de la era histórica humana» (*El regreso de las tribus pájaro*).

***

«El despertar que tendrá la familia humana a principios del siglo XXI significará el comienzo del episodio final de mil años de desarrollo en la atmósfera de la Tierra. Durante ese milenio de paz y cooperación planetaria la biosfera terrestre florecerá en una explosión de vida nueva sin precedentes... El cuerpo, que será completado durante el período de mil años que va, aproximadamente, del 2011 al 3011, será un cuerpo distinto, no limitado exclusivamente a sus funciones terrestres» (*Visión*).

Como vemos, los mensajeros de Carey, aunque no descartan tribulaciones para aquellos que no hayan alcanzado el nivel adecuado, después del acontecimiento o del cambio vibratorio que pronostican para el comienzo de la segunda década del siglo, prevén también una época esplendorosa de paz y armonía.

Lee Carroll y
Kryon

Tras terminar sus estudios de Economía e Ingeniería en la Universidad de California Oriental, Lee Carroll abrió un estudio de grabación en la ciudad de San Diego, que fue su medio de vida durante los siguientes treinta años. Pero en 1989, algo le cambiaría totalmente la existencia. Dos videntes distintos y sin conexión entre ellos le hablaron de su misión espiritual, mencionándole ambos un nombre que casi nadie entonces había oído: Kryon. Poco después, Lee comenzó a recibir mensajes de Kryon.

Kryon se define a sí mismo como una entidad del servicio electromagnético procedente del Sol Central, una entidad «de servicio» que nunca ha sido humana y cuyo único propósito es servir. Se dice enviado de un grupo de maestros extrafísicos al que algunos conocen como los Hermanos o La Hermandad. Según informa en sus mensajes, Kryon está encargado de reordenar la rejilla magnética del planeta Tierra para los cambios que se aproximan en los próximos años. Además de Lee Carroll, hay otras personas que lo están canalizando en la actualidad. Según él, su misión es informar a los humanos sobre este proceso al que nos acercamos y sus consecuencias, así como hablar acerca de las oportunidades que tenemos si nos decidimos a cumplir nuestro contrato de trabajo en la Tierra –aquel que acordamos antes de encarnar aquí y que ya no recordamos en la actualidad.

Los libros que recogen los mensajes de Kryon han sido traducidos a veintitrés idiomas y Lee Carroll viaja constantemente por todo el mundo extendiendo su mensaje. En el año 1995 fue invitado a hablar ante la ONU por primera vez, circunstancia que se ha repetido ya en otras cuatro ocasiones.

Prácticamente la totalidad del mensaje de Kryon tiene que ver con «el final de los tiempos», por lo que la mención al año 2012 es muy frecuente:

«Hablamos de los hijos de los niños: el atributo de los seres humanos que nacerán de los niños Índigo es el de pacificador. Es el pacificador que tiene el potencial de arribar para el 2012. De un modo que nunca antes han visto, todos ellos pueden entender la sabiduría de convivir en paz. También tendrán sistemas inmunológicos mejorados. Serán tolerantes con cosas con las que ustedes no lo son, y eso los sorprenderá. Obsérvenlo. El potencial de esto es profundo. Pacificadores, cada uno. Ése es el potencial Humano. Ése es el futuro del poder del séptimo, que les daremos ahora mientras resumimos la enseñanza» (*Kryon 7 – Cartas desde el hogar*).

«El final de la prueba estaba programado aproximadamente para su año 2012, que es el último del calendario de algunos antiguos habitantes de la Tierra que intuitivamente presentaron esa información. La última medición, y también el final de la prueba, vendrían entonces. Todos estuvieron de acuerdo» (*Kryon 7 – Cartas desde el hogar*).

«Lo que ocurra con la energía del año 2012, cuando se haga la última medición del calendario espiritual, será la energía del nuevo universo, no nombrado todavía. Vuestra energía va a proveer a ese nuevo universo: entonces tendrá una rúbrica. Va a llevar el sello de la humanidad, va a llevar sus nombres. Muchos de ustedes llegarán a vivir en él» (*Kryon 7 – Cartas desde el hogar*).

«En el año 2012 ustedes van a ver los comienzos de la siguiente generación, es decir, la de los hijos de los Índigo; y allí es donde la cosa comienza en realidad. Es entonces cuando realmente se verá con claridad la verdadera evolución espiritual humana. Estos niños de los niños serán mucho más diferentes aún que sus padres. Representarán una generación de evolución espiritual que tiene la capacidad y el potencial para cambiar la Tierra completamente. Y les vamos a dar un nombre. Los llamaremos los "Pacificadores", ¡y vendrán con un cambio de ADN que ustedes podrán de hecho ver!

»No todos ellos serán gigantes espirituales, no. Éste es, y seguirá siendo, un planeta de libre albedrío, con humanos en una forma de dualidad reducida. Estos niños, sin embargo, tendrán una predisposición a crear un planeta pacífico, y poseerán la sabiduría y la autoestima necesarias para hacer que así sea» (*Kryon 7 – Cartas desde el hogar*).

«Estamos aquí para decirles que si los potenciales se alcanzan, por el año 2012 la expectativa de vida Humana puede doblarse con respecto de lo que es ahora. ¡Será el doble! El nuevo paradigma es éste: se les está pidiendo que avancen a un área donde la muerte solamente es la muerte de la vieja energía –y la biología humana ¡vive más y más!–... Los secretos mismos de la vida y del proceso de envejecimiento serán revelados» (*Kryon 7 – Cartas desde el hogar*).

«Ésta es la descripción de Kryon del nuevo potencial del planeta Tierra, con una conciencia que podría evolucionar de manera lenta a partir aproximadamente del 2012. Literalmente significa el "Cielo en la Tierra", pero metafóricamente quiere decir "Paz sobre la Tierra". Como su nombre indica, comienza en vuestro interior» (*Kryon 7 – Cartas desde el hogar*).

«Pero ¿y los antiguos Mayas, que dijeron que el 2012 sería el fin del tiempo? Piensen metafóricamente, tal como todos los mensajes son dados desde el Espíritu. Ante todo, esta fecha es un marcador y se corresponde con una de las mediciones de veinticinco años del planeta (se lo dijimos muchos años atrás). La última medición importante fue en 1987, cuando tuvo lugar el 11:11. El mensaje maya no es una profecía del fin de la Tierra, sino más bien una descripción del fin de un viejo paradigma. Es un marcador de energía y no se lo debe temer. Se trata sólo de una fecha» *(Kryon 10 – La nueva dispensación).*

«Les daremos otro potencial respecto al 2012. Tienen hasta el fin del 2012 para establecer un estándar para la energía de los próximos veinticinco años (hasta el 2037). ¿El fin del tiempo? No. El potencial es que el 2012 es el fin de un viejo paradigma de tiempo –una nueva conciencia humana que traerá un gran cambio» *(Kryon 10 – La nueva dispensación).*

«Todos nosotros esperamos el marcador, aparentemente para que se le acabe la cuerda a ese reloj y comience la energía del año 2000 y el nuevo milenio avanzando hacia el 2012. Éste será un período de tiempo donde mucho puede ser cambiado, un período de doce años que permitirá que crezcan algunos de los nuevos niños, que cambien profundamente algunos de los que están en esta sala y la provisión de energía a este planeta como nunca antes fuera concebida... En el 2012, tendrá lugar la última medición del planeta para la prueba en curso. Cualquiera que sea el resultado de la medición, será el fin de la prueba. Esta prueba de nivel de energía –la prueba de cambio vibratorio para el planeta– ya se encuentra en su pico más alto... Los próximos doce años los llevarán a la fecha 20:12. Si les preguntasen a algunos de los antiguos sobre el significado del 2012, ¡les dirían que es EL FIN DEL TIEMPO! ¿Y saben algo? ¡Lo es! Es la última medición de un viejo paradigma terrestre y el fin del tiempo para un plan muy viejo. Cuando ocurra, el potencial es para otra celebración, que traerá al planeta a la paz» *(Kryon 8 – Pasando el marcador).*

«Estas almas viejas saben que están aquí para convertirse en Faros de Luz metafóricos para un planeta que cambia. Ellos son los catalizadores para que ustedes los usen para iniciar el cambio de su ADN y desarrollar la maestría hasta el nivel que puedan, para avanzar, para crear la energía llamada "La Nueva Jerusalén" en este planeta antes del 2012. Sólo faltan seis años, dirán ustedes. Pero las cosas no siempre son lo que parecen» *(Kryon – Canalizado en el 2006 – Sin publicar en libros).*

«Hablando de nuevo del 2012. Si observan los calendarios mayas y aztecas verdaderos, verán lo que realmente tenían que decir. Lo que nos predicen son patrones de energía potencial y todos son parte del reloj de tiempo de Gaia. No son calendarios en absoluto, como creen ustedes, sino más bien marcadores de energía» *(Kryon – Canalizado en el 2006 – Sin publicar en libros).*

«El 2012 representa un renacimiento del pensamiento, en el que la luz llegará al planeta. Esta nueva energía no sustentará guerras o potenciales de guerra. El tiempo que se desplazará y cambiará es "el tiempo viejo"» *(Kryon – Canalizado en el 2006 – Sin publicar en libros).*

«El año 2012 es la medición final del planeta. Sus indígenas les dijeron que el tiempo dejaría de existir en ese año. Según lo que hagan, les diré lo que significa. No será el fin de la Tierra, sino el fin del tiempo *viejo*. Es otro marcador, uno al que los historiadores podrán regresar y sobre el que podrán informar, diciendo: *"Para el 2012, la civilización había determinado lo que quería...: cómo definirse a sí misma. Ellos avanzaron como un grupo de personas muy distintas con diferentes culturas y diferentes creencias, pero que habían resuelto lo que no podía resolverse y habían arrojado lejos los rompecabezas de la historia. La Tierra se convirtió en una nueva clase de planeta, con nuevas aventuras»* (Kryon 9 – El Nuevo comienzo).

Los mensajes pleyadianos.
Bárbara Marciniak
y Amorah Quan Yin

Barbara Marciniak comenzó a canalizar mensajes procedentes de las Pléyades desde el 18 de mayo de 1988 en Atenas, después de realizar un viaje por Egipto y Grecia. Con textos extraídos de los cientos de grabaciones de los mensajes canalizados ha publicado cuatro libros, en los cuales las alusiones al final de los tiempos relacionadas con el año 2012 son más que frecuentes:

«Es importante decir vuestra verdad, pero no se trata de convencer a nadie. Cada uno tiene que decidir por sí mismo. Por favor, recordad, una de las grandes lecciones que estáis aprendiendo, tal como vemos al hojear el Libro de la Tierra, es daros cuenta de que habéis entregado vuestro poder de meditar y habéis olvidado pensar por vosotros mismos. Vivís encerrados en casillas y seguís un calendario que os hace creer que lo que sucedió hace un momento se ha ido para siempre. De esta manera os borráis a vosotros mismos mientras corréis cada vez más deprisa hacia una vida futura sin propósito alguno.

La Familia de Luz sabe que estáis sumidos en una carrera hacia el cambio, un experimento en el que tenéis que participar todos transformándoos a vosotros mismos. A aquellos de vosotros que estéis abiertos a nuevas ideas y que seáis capaces de escuchar nuestro mensaje os recordamos que no hace falta convertir a nadie ni predicar. Simplemente reconoced en el núcleo de vuestro Ser que todos estáis montados en la misma gran ola del cambio a punto de llegar. Haced lo mejor posible para conservar la presencia de ánimo, tomad vuestras propias decisiones, tened claro lo que queréis, manteneos abiertos a los grandes misterios y daos cuenta de que, aunque ya dispongáis de bastantes conocimientos, éstos no suponen más que unas pocas páginas del gran Libro de la Existencia.

»El final del siglo XX para la Tierra es un punto marcado por el destino, y nosotros y otros muchos sentimos que existe una sensación de urgencia con respecto a esta época. Desde vuestro punto de vista, este punto se extiende a lo largo de muchos años según vuestra cuenta, pero tal como vemos nosotros a vuestro mundo, sólo se trata de un corto período de tiempo, encapsulado en, aproximadamente, veinticinco años –desde 1987 hasta el año 2012– y que transcurre en un nanosegundo, apenas perceptible en la inmensidad del Todo-lo-que-es» *(Familia de luz).*

«Estáis sincronizados, codificados, diseñados y planificados para ser activados y llegar al máximo de vuestras posibilidades en el Ahora. Este Ahora ciertamente no es más que un momento en el tiempo, un momento fugaz desde nuestro punto de vista. Hemos hablado de él y hemos dicho que es el punto de unión entre 1987 y el año 2012, el puente hacia el siglo XXI...» *(Familia de luz).*

«Cuando exploréis los territorios invisibles de la conciencia, acamparéis en ciertas zonas del pensamiento, ya que esta energía sustentará vuestro campo. Al explorar todo lo relacionado con vosotros os encontraréis que este proceso acelerará el gran cambio, favoreciendo la investigación de la luz y de la oscuridad en el planeta. Todas las cartas estarán encima de la mesa; todos los secretos y misterios escondidos serán revelados en el año 2012... Recordad, cuando llegue el 2012 vuestra tarea consistirá en transmitir la vibración en la que os habéis convertido, hacia el horizonte de la existencia..» *(Familia de Luz)*.

«Este fugaz momento entre 1987 y el 2012 significa que hay que descubrir nuevamente las antiguas ideas escondidas y comprobar sobre qué base habéis construido, y en caso de necesidad, reorganizarla. Un examen minucioso de cómo os habéis desarrollado como sociedad y cultura puede indicar la necesidad de una importante obra de desmantelamiento. Os recordamos que primero hay que demoler mentalmente, permitiendo que las viejas estructuras y sistemas de creencias, esencia de vuestro pensamiento político y educacional moderno, se disuelvan por sí mismas. No hay lugar para la culpa ni el enfado. Daos cuenta de que estáis en medio de un cambio de percepción. Si actuáis de esta manera, las nuevas energías armonizarán con vuestro ser biológico; no obstante, si os aferráis a ideas que ya no son dinámicas ni vivas, os parecerá un reto enorme mantener vuestra vitalidad y, casi nos atreveríamos a decir, vuestra vida. El cambio de las energías tiene un propósito. Como hemos dicho, todo tiene una frecuencia; algunas son compatibles con vuestro Ser y otras no. Pero cuanto más crezcáis en el ámbito de la conciencia y mantengáis la frecuencia del amor, más capaces seréis de transmutar las frecuencias incompatibles en energías inocuas. Cuando os expandáis y os convirtáis en el Ser que nosotros estamos animando que seáis, tendréis más energía, poder y amor dentro de vosotros, y las diversas sustancias tóxicas del exterior podrán atravesar libremente vuestro campo sin causaros daños. Se crea una vibración o frecuencia superior según la manera de integrar y establecer la paz en vuestros cuerpos espirituales, emocionales, mentales y físicos. Una vez que hayáis conseguido esto, vuestra frecuencia del amor, segura de sí misma, autogeneradora y centrada repelerá cualquier frecuencia nociva externa. La vida está cambiando aceleradamente, y vosotros estáis aquí para convertiros en vientos de cambio y no para luchar contra ellos» *(Familia de luz)*.

«Vuestra vida está entrelazada con las vidas de otros muchos, pero debido a que solamente sois conscientes de una parte muy pequeña de la banda electromagnética de la existencia, no siempre entendéis la multiplicidad de vuestros dramas y os parecen aislados, pensáis que son cosas que sólo os ocurren a vosotros. Recordad que los sistemas educativos se han basado en el aislamiento y la separación. Aislamiento de vosotros mismos y separación de los demás. Integrar y unificar vuestros "sí mismos" mentales, físicos, espirituales y emocionales os conectará con el hogar del espíritu. Tened en cuenta que los demás actores de vuestros dramas experimentan algo similar. La experiencia tridimensional ofrece una oportunidad única. Estáis conectados a otros muchos seres, y las lecciones de la vida y los dramas que viven actualmente son, hasta cierto punto, similares a los vuestros; sin embargo, lo que vivenciáis en la tercera dimensión se extiende de manera muy singular hacia fuera. Sois un punto central en el tiempo gracias al destino de la Tierra y a lo que ocurre aquí.

Nosotros, a veces, lo llamamos el Gran Espectáculo Cósmico, este fugaz momento en el tiempo entre 1987 y el año 2012. En este período pasaréis de la densidad más espesa a las frecuencias más altas y os extenderéis desde una vida tridimensional hasta abarcar la banda electromagnética completa» *(Familia de Luz)*.

«Como ya hemos dicho, el ciclo en el que os encontráis es la precesión de 26 000 años de equinoccios, dividido en doce eras. Daos cuenta del efecto tan importante que tiene el número doce en vuestro sistema –relojes, calendarios y configuraciones de este número se encuentran en todas partes–. Lleváis una huella que organiza todo lo que os rodea en torno al número doce; es parte de vuestro ciclo del tiempo, por decirlo de alguna forma, y afecta al núcleo de vuestro Ser. A nosotros nos parece que al terminarse el nanosegundo y al acercaros al año 2012, pasaréis a la siguiente forma de medir el tiempo. Éste es arbitrario y nunca algo definitivo» *(Familia de Luz)*.

«En diciembre del año 2012, cuando estéis rozando ya el 2013, las líneas del tiempo se abrirán. Algunos ya habéis visto algunas pequeñas partes de los acontecimientos que están por venir y seguramente pensáis que todo sucederá de esta o de aquella manera. Pero tened en cuenta que hay una inmensa variedad en el tejido de las posibilidades: impredecible, sin precedentes y con un potencial muy importante» *(Familia de Luz)*.

«Como hemos dicho, aparentemente faltan algunas páginas del Libro de la Tierra y esta parte del relato que no puede ser leída con certeza por nadie se vuelve más nebulosa y ambigua cuanto más se acerca el año 2012. Cuanto más refinada se vuelva la frecuencia, menos posibilidades existen de interferir, dirigir, mezclarse con ella, incluso resulta difícil observarla. Y conforme se extienden las brumas, y la niebla se hace más densa, sólo conseguimos ver de vez en cuando algunas cosas y ni siquiera nosotros somos capaces de entender cómo debería encajar todo esto. Vuestro momento en el tiempo simplemente muestra algunas piezas del rompecabezas, atisbos a través de la niebla. También nosotros nos preguntamos sobre el porqué de la falta de algunas páginas y qué significa todo esto. No obstante, y debido a que éste es un momento fugaz, somos pacientes. Sabemos que estaremos aquí para vivenciar el momento fugaz y, si las cosas van bien, también vosotros estaréis aquí. Estamos sentados, si queréis llamar "estar sentado" a lo que hacemos nosotros, esperando con ilusión y curiosidad, con profunda admiración por nuestra habilidad, colocarnos justo en el lugar desde el cual podemos observar semejante evento y aprender algo con respecto a la vida para que pueda mejorar nuestro propio viaje. Nos sentimos muy intrigados por ver lo que haréis, cómo manejaréis la prueba de una era y si seréis capaces de reconocer o no su valor» *(Familia de Luz).*

«La transición está a punto de ocurrir, un cambio dimensional que hará disminuir la densidad de la tercera dimensión para que podáis moveros hacia dimensiones más elevadas, en las que el cuerpo no tiene un estado tan sólido. Habéis venido aquí porque queréis dominar el proceso evolutivo y aprender a vivir con él. Esto será muy emocionante, porque significa que podréis funcionar en muchas realidades. Las respuestas se hallan enterradas en lo más profundo de vuestro ser. Las preguntas llegan a vuestras mentes para que encontréis las respuestas en vuestro interior. Para conseguir esto tenéis que creer que la información se encuentra almacenada ahí. La humanidad está aprendiendo una gran lección en estos tiempos. La lección consiste, por supuesto, en que reconozcáis vuestra divinidad, vuestra conexión con el Creador Principal y con todo lo que existe. La lección consiste en que os deis cuenta de que todo está conectado y de que vosotros formáis parte del todo. Hay multitudes de culturas y sociedades que existen en la inmensidad del espacio, y estas sociedades y culturas han entrado y salido de este planeta desde el principio. Los pleyadianos no somos los únicos que hemos venido a asistiros; somos sólo un grupo de uno de los tantos sistemas de estrellas. Muchos han viajado aquí por muchas razones. La mayoría de los extraterrestres están aquí para vuestro bien, aunque también hay quienes han venido por otras razones» *(Mensajeros del Alba)*.

Amorah Quan Yin

Amorah Quan Yin nos dice que nada ocurre al azar. Todo en nuestras vidas tiene un sentido, sigue un orden inteligente y nos conduce hacia un fin. Su libro *Manual de ejercicios pleyadianos* es presentado como una transmisión directa desde las Pléyades, y como una ventana por la cual podemos divisar una nueva perspectiva del pasado y un paisaje ampliado de nuestras oportunidades actuales, que nos desvela nuestro destino. Lo siguiente es parte de lo que dice acerca del año 2012:

«En términos de evolución planetaria terrestre, se trata de lo siguiente: cuando los cien mil años de la era glacial terminaron hace casi ciento cincuenta mil años, la galaxia estaba a medio camino de su cambio diagonal hacia el anillo siguiente de la gran espiral cósmica –una danza había terminado y se estaba gestando la nueva–. A fin de prepararse para la siguiente espiral evolutiva, la galaxia entera entró en un período de limpieza de pautas kármicas pretéritas que se completará al final del año 2012.

»Siempre al final de un gran ciclo tiene lugar una limpieza kármica. Cualquier elemento de la espiral evolutiva anterior que quede sin resolver se hace aflorar a la superficie para ejecutarse por última vez con un sentido de transmutación y trascendencia. Cuando se termina de limpiar la casa, comienza un ciclo evolutivo distinto en relación con Dios/Diosa/Todo Lo que Es. Esta limpieza doméstica está llegando a su fin. Durante este tiempo de transición se experimentan saltos espirituales de renacimiento e iniciación. Las conciencias nacen producto de nuevos paradigmas y nuevos potenciales, aprovechándose de lo aprendido en la espiral anterior aunque de modo inconsciente. Metafóricamente hablando, es como si se tomaran los pasos de baile aprendidos en lecciones anteriores, se depuraran, se dominaran y se empezara a añadir nuevos pasos en un reto mucho más emocionante. Incluso se acelera entonces el ritmo de la música añadiendo más inspiración».

«Antes de los cambios previstos para el final del 2012 y el principio del 2013, la Tierra sufrirá una limpieza doméstica espiritual y física correspondiente a lo que se ha llamado comúnmente "cambios terrestres". Estos cambios, que ya han empezado, se intensificarán externa e internamente»

Para el 2012 será necesario que todo ser humano haya comprendido que:

– Nuestro propósito aquí es evolucionar física, emocional, mental y espiritualmente.

– Todo ser humano tiene una esencia divina hecha de luz y amor cuya naturaleza es la bondad.

– El libre albedrío es un derecho universal absoluto. La impecabilidad exige al yo renunciar al libre albedrío en favor del albedrío divino mediante la fe y la confianza.

– Toda existencia natural es sagrada, independientemente de cómo sirva o satisfaga las necesidades del yo individual.

Según Amorah Quan Yin, sólo quienes hayan hecho suyos estos principios podrán transitar hacia el siguiente paso evolutivo que tenemos ya a la vuelta de la esquina.

Gregg
Braden

Gregg Braden es un autor que ha sabido unir elegantemente los rieles de la ciencia con los de la espiritualidad,
además de ser un gran divulgador. Ha viajado por todo el
mundo investigando los centros de poder de muchas culturas,
así como los últimos descubrimientos de la genética y los
recientes fenómenos planetarios que nunca antes se habían
presentado en la historia de nuestra ciencia. En su primer libro y vídeo, *Awakening to Zero Point* (del
cual todavía no hay traducción al español), comienza precisa-
mente formulando la relación que existe entre el magnetismo
de la Tierra y la velocidad en que se manifiestan nuestros pensamientos en esta ilusión que llamamos realidad. Dice que
algunos de nuestros científicos están preocupados porque el
magnetismo terrestre está disminuyendo drástica y rápidamente, e incluso han especulado ya en secreto sobre un posible cambio de los polos magnéticos del planeta o algún otro
tipo de efecto menos drástico pero de igual magnitud planetaria previsto justamente para el año en que termina el calendario

maya y que las profecías hopis señalan como el principio de un nuevo comienzo: el año 2012.

Afirma que cuanto mayor sea el magnetismo, mayor es el tiempo que transcurre para que lo que pensamos y sentimos se manifieste en nuestro mundo. Por consiguiente, cuanto menor sea el magnetismo, menor será el tiempo en que nos encontremos con la manifestación de nuestros deseos, o nos estrellemos con la expresión de nuestros miedos.

Luego explica Braden que nuestro ADN cambia con las frecuencias que producen nuestros sentimientos, y demuestra cómo las frecuencias energéticas más altas, que son las del amor, impactan en el entorno de una forma material, produciendo cambios no sólo en nuestro ADN (específicamente en lo que nuestros científicos llamaron «ADN basura», porque no encontraban su utilidad), sino también en todo lo que nos rodea.

Uniendo estos dos tipos de información, postula que cuanto más amor dejemos fluir por nuestros cuerpos, más adaptados estaremos para afrontar lo que sea que pueda suceder en el 2012 y para conducir a nuestro planeta, mediante nuestros pensamientos positivos en conjunto, hacia el mejor futuro posible.

Para apoyar esta idea, asegura que en función de lo que ha observado y experimentado en los diversos centros de poder que estudió, ha encontrado evidencias de que prácticamente todas las culturas se habían estado preparando, de una manera u otra, para lo que ya está ocurriendo en nuestros días. Cuenta por ejemplo que en una pirámide egipcia encontró una sala que simula justamente el tipo de magnetismo que se calcula que tendremos hacia el 2012, y ha visto que probablemente estábamos preparándonos y entrenándonos para experimentar lo que sea que pueda ocurrir próximamente.

En la última parte del vídeo, Braden repite de diversas formas que nuestro tiempo de practicar ya se ha terminado y ahora nos encontramos, por así decirlo, en los exámenes finales. Insiste en que cada relación que se presente en nuestras vidas en estos momentos, debemos verla como un templo sagrado, pues es una oportunidad para poner en práctica todo lo que hemos aprendido sobre el amor y la ciencia de la compasión. Dice que en una primera fase estas relaciones van a funcionar como espejos, que nos permiten ver externamente todo lo que no hemos visto en nosotros mismos y que hemos de resolver; y en una segunda fase nos irán mostrando, no ya lo que hay en nosotros como individuos, sino todo aquello que rechazamos en otros, para que tengamos la oportunidad de aceptarlo e integrarlo.

La revelación de
Ramala

A mediados de 1970, David Jevons y Ann Toye, que se habían casado en mayo de ese mismo año, comenzaron a recibir una serie de mensajes procedentes de un nivel de conciencia notablemente elevado. «Las enseñanzas de Ramala», pues así se denominó a dichos mensajes, despertaron pronto un gran interés, por lo que tras ser difundidas en folletos durante un tiempo, se publicaron en forma de libro en el año 1978 con el nombre de *La revelación de Ramala*. A éste le siguieron otros dos libros, *La sabiduría de Ramala*, en 1986, y *La visión de Ramala*, en 1991. El nombre de Ramala no se refiere a la fuente de dichos mensajes o enseñanzas, sino que es una composición formada con la parte común de los nombres esotéricos de ambos canalizadores. Las enseñanzas de Ramala versan sobre los más diversos temas: la vida y la muerte, la salud y la curación, el amor, el dinero, el matrimonio, la relación con los animales, la reencarnación, la religión, los niños, la Atlántida y muchos otros más. Un lugar importante en estas enseñanzas lo ocupa la descripción de los sucesos que ocurrirán en los primeros años del siglo XXI (sin mencionar expresamente el año 2012, los acontecimientos profetizados fueron claramente ubicados a principios de este siglo. Según Ramala, la alteración de la estructura física de la Tierra será notable:

«Los que seáis conscientes quizá empecéis a sentir que algunos acontecimientos que están teniendo lugar se diferencian de otros que sucedieron antes. Estaréis empezando a sentir que el paso de la vida se está acelerando y que el tiempo no tiene la misma consistencia que antes. Vuestros relojes siguen marcando las veinticuatro horas de cada día, pero ¿no parecen éstas transcurrir ahora más rápidamente? Los días y los meses ¿no se mezclan con tal rapidez que os resulta difícil creer que haya pasado un año? En toda la Tierra, parece haber un incremento del número de desastres. Constantemente leéis noticias de sequías, inundaciones, terremotos, hambres y enfermedades. Por todas partes parece aumentar el paso de la existencia del hombre, la violencia de la vida, el conflicto entre los países, la competición, la división, el odio y la codicia. Para todos aquellos que sentís, estos cambios son correctos, pues todo el ser de este planeta, su tasa de vibración, está aumentando.

»Los Señores que controlan este planeta y vuestro Creador, cuyo espíritu habita en el Sol, junto con otras muchas influencias, intentan ayudar a la Tierra, pero su tarea se dificulta a causa de la desarmonía del hombre. La frecuencia de la Tierra ha disminuido por la conducta del hombre. Si pudierais alejaros del Cuerpo Solar y contemplarla, veríais que en lugar de acelerar la frecuencia en coordinación con los otros planetas conforme se mueven hacia una nueva espiral de evolución, la Tierra está oscilando, casi de modo parecido a una peonza que va a detenerse. Si así sucediese, ella misma se sumiría en el olvido. Por eso, los grandes Seres que gobiernan la materia por su conocimiento de la Ley infinita están tratando de acelerar la vibración de la Tierra, no para alterar la libre elección del hombre o interferir en ella, sino para poner en marcha una frecuencia superior. Esto es lo que le está dando al hombre la sensación de confusión e interrupción, pues se encuentra cogido entre la lentitud de su propio cuerpo, producida por su conducta pasada, y el intento de los Señores del planeta de llevarlo a una frecuencia más alta de conciencia. Estos grandes Seres están interfiriendo, para que el hombre no sea destruido... pues cuando llegue el momento, que llegará, en que la Tierra enderece su eje, si no se ha iniciado esta aceleración exterior, la estructura atómica de que está constituido el hombre explotará, pues la fuerza de la ascensión pondrá en marcha una gran expansión atómica del planeta.

»No entraré en la estructura molecular describiendo la conducta de los átomos en el momento del cambio, pero debido a las modificaciones de presión tendrá lugar una gran transformación de la estructura de la Tierra. Se producirán grandes devastaciones. Esto ya ha sucedido antes. En la literatura antigua y en la Biblia podéis leer hechos semejantes. El cataclismo no es en realidad una catástrofe, aunque así lo llamaríais: se trata de un paso adelante en la evolución de la Tierra. Recordad que la muerte no es un final, y que los que mueran en el cataclismo que ha de venir experimentarán un incremento de su conciencia, pues aprenderán en el momento de la muerte. Conforme se acerca este acontecimiento habrá mucha desarmonía y destrucción, pues la tasa de la Tierra se acelerará cada vez más. Esto se producirá antes de que se levante sobre su eje en los alrededores del final de siglo. No quedan muchos años.

»No importa que me creáis o no, que creáis o no en el cataclismo que ha de venir. Vendrá. Se producirá. La Tierra va a cambiar, y el planeta que aparecerá en el siglo XXI será muy diferente del que conocéis ahora. Gran parte del agua que existe actualmente en el planeta habrá desaparecido».

En el primer libro, Ramala dedica todo un capítulo a hablar del cataclismo:

«Cada uno de vosotros tiene una idea diferente del significado de la palabra cataclismo, y probablemente pensaréis en ello de acuerdo con el modo en que habéis sido condicionados por vuestros profesores terrenos y por vuestro entorno. Como con el principio de la reencarnación, una creencia en el principio del cambio cataclísmico representa un punto de conciencia. Nada de lo que voy a deciros os hará creer en este principio si vuestra investigación espiritual y vuestro punto de conciencia no lo permiten. Por tanto, no espero convenceros ahora de que los cataclismos se han producido realmente como resultado de la ley Natural: sólo os invito a que meditéis en lo que os digo y a que veáis dentro de vuestros corazones si hay una respuesta a mis palabras.

»Si examináis el significado real de la palabra, observaréis que procede de la lengua griega: *cata* significa abajo, fuera, y *clysmos,* inundación, diluvio; por tanto, quiere decir inundación o hundimiento. El motivo de la elección de este término es que el agua desempeña un papel significativo en un cataclismo, es un acontecimiento que produce una gran transformación de la superficie de esta Tierra. Cuando hablo de un cataclismo, me refiero al que ha de venir o a los que ya tuvieron lugar. Un cataclismo no tiene más significado que otro. Cada uno de ellos representa simplemente un cambio de dirección, una reestructuración de la materia para cumplir la Voluntad Divina, el Plan para esta Tierra.

»Probablemente, la mayor parte de vosotros lo considerará como un acontecimiento trágico. Para vosotros significa muerte, destrucción, el exterminio de gran parte de la Humanidad, la desaparición de la belleza de la naturaleza, de gran parte de los reinos Animal, Vegetal y Mineral, y la reducción a escombros de la civilización del hombre. Sin embargo, un cataclismo no es un acto de destrucción, sino un proceso evolutivo por medio de un cambio extremo. Vuestro mundo se halla continuamente en estado de flujo. La Humanidad y la Tierra cambian constantemente en la progresión eterna del Plan para este planeta; pero como normalmente el cambio es lento y sutil, el hombre no lo ve. El cataclismo es sólo una modificación de naturaleza repentina, que el hombre ve y siente. Por tanto, cuando hablo de cataclismo no quiero que penséis en ello como en una tragedia.

»Si digo que se aproxima un cataclismo, no penséis que el desastre amenaza, que el propósito de vuestra existencia está limitado, que todo va a ser destruido en él y que, en consecuencia, no tiene sentido proseguir con los objetivos de vuestra vida. Un cataclismo produce cambio, pero siempre estáis cambiando. Mientras vivís en los cuerpos físicos de la materia os estáis transformando cada hora del día, y seguiréis cambiando y evolucionando hasta el momento de ese cataclismo. Para algunos significaría la muerte, pero ya sabéis que ésta es sólo otra forma de cambio; la muerte en un cataclismo no significa el exterminio de la vida, no implica su final. Es, más bien, un renacimiento. Por tanto, os invitaría a que consideraseis un cataclismo no como un fin, sino más bien como un principio. Os pediría que miraseis al cataclismo que ha de venir no como la terminación de una Era, sino como el nacimiento o amanecer de una Nueva Era.

»En la materia todo se encuentra en estado de continuo cambio. A la conciencia del hombre le corresponde interpretarlo y reconocer su propósito. Encontraréis a muchas personas que no pueden aceptar la idea de cambio cataclísmico: ése es su punto de conciencia y debe ser respetado. Otros pueden aceptarlo pero sin comprender su motivo, y por tanto lo mirarán con una motivación incorrecta... Como el hombre ha creado un mundo que sólo conoce controles materiales y financieros, no desea enfrentarse a un estado en el que estos controles no sean ya válidos, y no quiere preguntarse por la auténtica naturaleza del cambio cataclísmico. Pero las evidencias están ahí para que las vea. En todo el globo existen signos no de uno o dos, sino de muchos cambios cataclísmicos que han transformado la faz de esta Tierra. Además de los dos o tres cataclismos que el hombre puede identificar, hay muchos otros que nunca serán descubiertos.

»En diversos manuscritos antiguos hay descripciones de los cataclismos más recientes. La Biblia se refiere al menos a dos que, además de que las descripciones han sido traducidas a un lenguaje moderno, son un poco vagos. El último, que tuvo lugar hace casi siete mil años, se describe en el libro del Génesis, en donde encontraréis la historia del Diluvio y el Arca de Noé. En esa historia hay simbología, pero esa descripción desciende directamente de las historias del hombre pasadas de padres a hijos durante muchas generaciones antes de que fueran escritas en el libro de los judíos. También podréis reconocer una referencia a un cataclismo previo en la descripción de la formación, o más bien del cambio, de esta Tierra en el primer capítulo del Génesis. El hombre no conoce ni puede conocer los procesos divinos de creación del Espíritu Infinito, y el primer capítulo del Génesis no se refiere, como cree la mayor parte de la gente, a la creación de este mundo, creación que en su presente estado de conciencia el hombre no entenderá nunca, sino a la reforma o restablecimiento de la vida después de otro de los grandes cataclismos.

»No sólo en la Biblia, sino también en muchos otros libros religiosos, en los grabados y esculturas de las razas antiguas, en las leyendas preservadas hasta hoy, existen muchas evidencias de grandes cambios que tuvieron lugar sobre esta Tierra. El hecho de que éstos se produjeron ha sido demostrado más allá de toda duda por los exámenes de estratos de roca realizados por los geólogos. Para la producción de esas transformaciones se emplearon fuerzas que el hombre no puede concebir ni científica ni naturalmente. Hay muchos enigmas que vuestros científicos son incapaces de explicar; por ejemplo, el de grandes animales prehistóricos que están siendo descubiertos en un estado de preservación que desafía toda comprensión, en partes del mundo donde el hombre no esperaba encontrarlos. El hombre ha descubierto también leyendas antiguas que describen a razas de hombres que ya no existen. Disponemos de la historia de la Atlántida, de Lemuria y de Mu. Todas estas evidencias las tiene detrás de él, y si mirase hacia atrás podría verlas y examinarlas. Las almas evolucionadas que deseen saber acerca del próximo cataclismo encontrarán evidencias si las buscan. No digo esto para que creáis el concepto de cambio cataclísmico, sino más bien para despertar vuestra curiosidad y haceros buscar por vosotros mismos».

Seguidamente, Ramala menciona la variación brusca en la inclinación del eje terrestre, apuntando la posibilidad de que esa modificación sea desencadenada por el hombre:

«Examinemos brevemente el mecanismo de un cataclismo. Esta Tierra en la que ahora vivís no es un cuerpo tan estable como podríais pensar. Con esto me refiero a que hay muchas variaciones en el esquema de rotación de la Tierra, algunas de las cuales han sido descubiertas por vuestros científicos de hoy. El eje de vuestro planeta varía en unos ángulos de minuto que pueden ser medidos. Cuando el eje de rotación de la Tierra tiene que soportar influencias mayores, puede cambiar, y cambia, dramáticamente, produciendo un cataclismo. Sin embargo, en este punto he de diferenciar entre el cataclismo natural y el hecho por el hombre, pues con el avance actual de su conocimiento científico, y carente de la sabiduría para utilizarlo, él puede producir un cambio cataclísmico por sí mismo. Si sigue por el camino que lleva y explosiona sus dispositivos nucleares sobre un cuerpo tan inestable como la Tierra, precipitará el cataclismo natural que había sido planeado... Si sucediera así, la muerte y la destrucción entre la Humanidad sería mucho mayor que la causada por un acontecimiento natural... En el presente, las masas de tierra y los océanos se mueven juntos en armonía. Pero si se interrumpe esa armonía y, por la falta de solidez de la corteza terrestre, las masas de tierra comienzan a moverse, éstas y los océanos ya no se moverán juntos en una armonía relativa. En lugar de ello, las masas de tierra lo harán en una dirección opuesta a la de la rotación de la Tierra, y se dejará sentir entonces sobre ellas el efecto de la velocidad rotativa de la Tierra, que en el Ecuador se aproxima a mil millas por hora, y de las aguas de los océanos, que seguirán moviéndose con la velocidad rotativa del planeta. Esto producirá enormes olas y vientos supersónicos. Las capas de hielo de los polos, que no están centradas sobre el eje de la Tierra, tienden a moverse hacia el Ecuador cuando la velocidad de rotación es mayor. De ese modo, la Tierra se desequilibra y el eje cambia, por lo que la tierra de los polos se mueve hacia las zonas ecuatoriales, mientras que la de las zonas ecuatoriales tiende hacia los polos. Como consecuencia de ello, hay grandes cambios en la superficie terrestre. Surgen y desaparecen continentes, y al fundirse las capas de hielo polares, el nivel del agua de los océanos se eleva.

»Cuando se producen esos cambios cataclísmicos, grandes trozos de tierra se mueven como las piezas de un rompecabezas. Aparecen y desaparecen enormes porciones de superficie terrestre. Eso es lo que confunde a vuestros geólogos, pues miran la superficie de esta Tierra tal como la ven ahora y tratan de deducir su evolución total partiendo de una pequeña parte de su superficie. Ése es el motivo de su error, pues la Humanidad de hoy no puede ver toda la estructura del planeta. Leyendas antiguas hablan de grandes civilizaciones en la Atlántida, que existió aproximadamente donde se encuentra hoy el océano Atlántico. Probablemente habréis oído hablar de la gran civilización de Lemuria, que floreció donde hoy se halla el océano Pacífico, y quizá incluso de Cordemia, que existió en los alrededores del mar Muerto, en Oriente Medio. Todas esas civilizaciones han desaparecido, aparentemente sin dejar huellas, pero todas ellas existieron. Vuestros exploradores de hoy siguen descubriendo materiales que ponen de manifiesto facetas del desarrollo de la humanidad que no pueden explicarse: edificios que el hombre del siglo XX no es capaz de construir, símbolos, descripciones de grandes seres del espacio, condiciones de vida que ni el hombre de hoy ha conseguido... Sin embargo, el ser humano no comprende que en civilizaciones pasadas, enterradas ahora bajo los mares o bajo los estratos de la superficie de la Tierra, la humanidad se había elevado a cimas más altas que la que ha logrado en su actual ciclo, iniciado hace siete mil años... El hombre ha alcanzado anteriormente grandes cimas. Ha volado con sus propias naves a otras partes del Cuerpo Solar y ha entendido las condiciones de vida de un modo que ahora no podría comprender. Ha llegado a vivir en mayor armonía que hoy con las leyes de Dios, y del mismo modo que una hermosa rosa llega a su plenitud y luego muere, así murió el hombre de civilizaciones anteriores, pues ésa es la Ley del Cambio. Sin cambio no puede haber evolución, y el mecanismo divino del cataclismo produce grandes cambios en esta Tierra.

»Os dirigís ahora hacia un cataclismo que se producirá... No conozco la fecha exacta, pero probablemente se será entre 1990 y el 2010. No se me permite decir lo que va a sucederle a la superficie de esta Tierra, pero sí puedo aclarar que va a cambiar de modo tan radical como en cataclismos anteriores. En su mayor parte, la llamada civilización occidental quedará aplastada. El modo de vida que se ha establecido desaparecerá en siete días de grandes cambios, y al final de ese séptimo día, el día de descanso, cuando cese el cataclismo, el hombre verá una nueva Tierra, como les sucedió a hombres del pasado. Con el acto de la muerte física en este cataclismo, muchas personas abandonarán esta Tierra y regresarán a sus cuerpos superiores, pues eso forma parte de sus destinos individuales en su presente encarnación. El cataclismo es un gran regulador de la población terrestre; o debería decir que el mal uso que ha hecho el hombre del don divino de la creación es corregido de este modo por las Fuerzas Superiores.

»Tras el cataclismo, esta Tierra se habrá transformado más de lo que cabe suponer. El hombre habrá vuelto efectivamente a otra Edad de Piedra, pero tendrá con él a los pocos seres inapreciables que han hecho evolucionar sus conciencias para entender, prepararse y sobrevivir. Así como Dios se acercó al hombre al que conocéis con el nombre de Noé y le advirtió de lo que iba a suceder, así os hablo ahora. Así como Noé fue advertido y pudo por tanto prepararse para el cataclismo que iba a venir, así también vosotros, cuando llegue ese día, cuando de repente la Tierra se mueva sobre su eje, cuando el Sol parezca quedarse quieto, cuando la oscuridad descienda sobre la faz de la Tierra y cuando tenga lugar una destrucción superior a lo imaginable, lo saludaréis reconociéndolo como un signo de lo que va a venir...

»Tras este cataclismo, el período de tiempo hasta que se produzca el siguiente será más largo de lo que lo ha sido en el pasado. El hombre va a tener un largo ciclo de evolución... En esta Nueva Era progresará y evolucionará más de lo que pueda ahora soñar. La Tierra se convertirá en lo que debería ser: una vibración de Amor Universal que cumpla su propósito en el Cuerpo Solar. Dará sus emanaciones no sólo a este Cuerpo Solar, sino a la Creación que hay más allá.

»Muchos hombres han profetizado la proximidad de un cataclismo. En los últimos mil años muchos adivinos y profetas hablaron de este acontecimiento. Antes de despreciar esas profecías como admoniciones de unos perturbados, tratad de establecer el motivo de que os hayan advertido. Esos profetas murieron hace mucho tiempo: las advertencias no eran para ellos. La única motivación que tenían al hacer sus profecías era predecir lo que iba a suceder. Sus vaticinios estaban destinados a avisar a una raza de hombres que estaría muy alejada de ellos en su modo de vida y en su evolución. Si no tenéis en cuenta sus advertencias, vuestra es la responsabilidad».

Y, como es común en las profecías que estamos examinando, después del cataclismo, vendrá una época esplendorosa en la que la existencia humana transcurrirá en un nivel muy superior al actual:

«El hombre será entonces consciente de su verdadera existencia espiritual, pues sabrá de seres de otros planetas y se comunicará con ellos. Será consciente de que su vida total no transcurre sólo en el limitado cuerpo físico de la materia y de que, por derecho de nacimiento, puede y debe habitar en niveles que están más allá del físico incluso mientras se encuentra en un cuerpo físico. Viajará a esos otros niveles de existencia. Conocerá otros reinos que hasta ahora no ha visto: advertirá las Esferas Dévicas y Angélicas, y aprenderá a reconocer sus influencias».

Como vemos, la apertura de la conciencia humana a la presencia de los hermanos de las estrellas ocupa en Ramala un papel muy destacado:

«[...] pues el contacto con seres de otros planetas de este Cuerpo Solar es inminente y el hombre se dará pronto cuenta de que existe vida en otros planetas, de que los seres que los habitan son más evolucionados y de que éstos consideran a los habitantes de esta Tierra como niños no evolucionados. El hombre rápidamente se dará cuenta de que no está donde él cree, en la clase superior, sino más bien en una de las más bajas, y que tiene bastante que aprender. Descubrirá que muchas de las creencias, dogmas e ideologías que ha creado para apoyar su estrecha y limitada visión de la vida, tanto de la Tierra como del Universo, son incorrectas y serán destruidas de un golpe. Sabrá que gran parte de lo que se dice en las sagradas escrituras no describe las visitas de un Dios, sino las de seres de otros planetas. Comprenderá en qué grado éstos han influido y ayudado en su historia, y aprenderá a aceptarlos como hermanos
»Una nueva realización está amaneciendo. Está viniendo le guste o no al hombre, quien se verá forzado a aceptar la realidad».

Trigueirinho

José Trigueirinho Netto nació en 1931 en Brasil. Sus canalizaciones han dado ya lugar a setenta y tres libros y más de mil CD grabados en vivo. Su obra muestra, de manera explícita, una realidad mayor, hacia la cual la humanidad se aproxima rápidamente. En la medida en que ciertos procesos planetarios maduran, él vislumbra un nuevo comienzo para todos los que se disponen a ir más allá de los límites de lo conocido. Este material informativo, que no pertenece a ninguna religión, secta ni denominación, demuestra un profundo respeto por la búsqueda ajena y por las innumerables formas de expresar la verdad. Su obra aclara las razones de la actual crisis que flagela a la humanidad y anuncia un ciclo más luminoso para la Tierra. Conmina al lector a salir de la amargura de una inminente catástrofe natural contactando con niveles de conciencia más sutiles y asumiendo nuestro verdadero papel en la evolución planetaria. El siguiente es un fragmento de su libro *La voz de Amhaj*:

«La senda de la evolución es para todos, y el amor del cosmos a todos ofrece sus dones. Sin embargo, el equilibrio de los universos debe ser mantenido y cada ser ha de saldar sus cuentas antes de partir. Por eso, en este final de ciclo, la faz de la Tierra todavía será escenario de horrores. Pero que las lecciones sean aprendidas, y que este universo nunca más retorne a la oscuridad... Si pudiésemos, cancelaríamos el pesado golpe de retorno que se cierne sobre la humanidad y sobre el planeta. Sin embargo, para que el espíritu se libere, es necesario que se rompan las ataduras, y así la purificación acompaña, paso a paso, el cierre de las cuentas. El cielo se torna oscuro en el momento de la tempestad. No obstante, cuando ella ha pasado, sobreviene una paz profunda. Por eso, Nuestros discípulos son llamados Sembradores del Futuro: en medio de la oscuridad, anuncian la Paz... Hoy en día, todo el sistema solar está especialmente volcado hacia la Tierra. En realidad, no sólo él, sino gran parte del cosmos. Cuando es necesaria una cirugía delicada, los esfuerzos se concentran en el órgano enfermo. Sabed, el mal está vencido. Pero es necesario dar tiempo al tiempo, para que las falanges enemigas también ajusten cuentas entre sí... ¿Qué vale más, una pérdida material o afectiva, o la liberación del espíritu? Es cierto que la segunda, y no es extraño que la primera sea instrumento para lograr esa liberación. Por eso es necesario mantener la actitud correcta frente a los hechos de la vida y, principalmente, aspirar con ardor al Bien. La voluntad humana será impregnada por la Voluntad del espíritu. Que así sea, para la Gloria Suprema.

»Cuando el cielo se oscurezca durante el día y la luz ya no pueda ser vista, dondequiera que estuviereis aquietaos y orad. Agradeced, pues habrá llegado el momento de la gran liberación... Nada temáis. El espíritu se regocija ante la liberación del ser... Disteis diferentes nombres a Nuestros Mensajeros, pero ya es momento de reconocerlos como una única luz. La Hermandad del cosmos es la expresión de la suprema unidad, y en esa corriente debéis fundir vuestro ser. Cual eslabón ardiente, unificad vuestra conciencia con el Altísimo... Los terrestres llaman a los planetas cuerpos celestes. Esto no está del todo equivocado, pero es limitado como forma de expresión. Es mejor decir estados de conciencia y, en muchos casos, escuelas para la humanidad. No tardará en llegar el tiempo en que el hombre podrá proyectarse libremente más allá de la órbita terrestre, y encontrar a sus afines también en las escuelas vecinas. La amplitud es su destino. Por eso os digo: en vuestro espíritu tenéis las llaves del futuro. Es necesario que el Cielo y la Tierra se unifiquen. Es necesario que el amor supremo impregne todas las partículas. Es tiempo de despertar... El Gran Regente todo lo conduce, todo lo conoce, todo lo observa. No os equivoquéis, la operación está bajo control: la nueva Tierra surgirá, y mostrará su verdadera faz... La vida en la superficie del planeta será transfigurada. Ese proceso ya comenzó, y por eso os pido firme e imperturbable determinación para proseguir en el Camino. Alimentad la llama de la fe en vuestro corazón y en el de vuestros hermanos. Estad atentos a esta recomendación, y permaneced vigilantes, pues es necesario avanzar... No levanto todos los velos, pues no ha llegado el momento para eso. Debéis seguir el camino paso a paso; en él tendréis las flechas, las indicaciones y la protección. Conozco cada palmo de ese estrecho sendero, y reafirmo: estoy junto a vosotros. Cuando la oscuridad se vuelva aun más espesa, sabed: la luz se aproxima. Reafirmad vuestros votos y caminad. No cedáis a las tentaciones del pasado, de vuestra victoria dependen muchos hermanos... Mundos lejanos se aproximan a la Tierra. Es la redención. Tres soles son uno, el regente también se eleva. La purificación prosigue, pero no la debéis controlar. Las leyes de la transmutación obran en silencio. Actúan. Trabajan con la energía. Salve, bienvenidos los Hermanos que siempre están llegando. Otros parten, ya cumplieron sus tareas... Noches ante el Infinito. La madrugada revela secretos. Los visitantes se aproximan en silencio. Despiertan y llaman a los que deben partir, siempre en silencio. No dejan señales. Mas ésta es la señal. Los que la conocen saben, pero no saben la hora... La carne se corrompió y se abre en llagas. También la Tierra llora. Sufre el dolor de sus hijos. Pero todo pasará. Tened fe. Es necesario limpiar esta Morada. Todo está bajo control. Volveos hacia lo Alto, y Nos reconoceréis. Nosotros estamos con vosotros. Aguardad vuestra hora. Tened fe... No hay gobiernos ni gobernantes. El caos reina. Éste es el escenario de la superficie de la vida. Habíamos avisado que así ocurriría. Pero existen otras realidades. Algunos las conocen ya... Hay luces que cruzan los cielos. Ahora, las tenéis durante el día. Luces redentoras. Son acogidas por unos y odiadas por otros. El mal aún no llegó a su fin. Pero está próximo el momento en el que esto sucederá. Es necesario aguardar los ciclos».

Conclusión

Cada vez parece menos disparatado pensar que nuestro tan querido como maltratado planeta Tierra –junto con la humanidad y otras especies que lo habitan– se está aproximando a un punto crucial de su evolución. Entre las diferentes formas que este suceso puede adoptar se hallan:

1) Un colapso como consecuencia de la superpoblación, la carencia de agua o de alimentos, el saqueo indiscriminado de recursos, la contaminación de la tierra, el aire y el agua, el calentamiento global, la desertización y la desaparición de bosques y selvas.

2) Un holocausto nuclear, accidental o voluntario.

3) El fenómeno del desplazamiento del eje terrestre, o la inversión de los polos.

4) Un trauma causado por la proximidad o colisión con otro cuerpo celeste.

1) La primera posibilidad es la que mejor admite un enfoque lógico y también sobre la que más se ha escrito, por lo que no la vamos a considerar mucho aquí. Ciertamente, las cosas llevan muy mal camino y la situación es casi crítica, pero no parece probable que un colapso originado por la contaminación, el calentamiento, la falta de petróleo o el hambre, vaya a ocurrir en los próximos cinco o seis años.

2) Sin embargo, el holocausto nuclear sí es algo que se puede presentar de un momento a otro, sin previo aviso. Independientemente del peligro que suponen países como Pakistán, Corea del Norte y, sobre todo, Irán, la verdad es que en la actualidad es ya imposible saber qué países u organizaciones disponen de bombas atómicas. De hecho, partiendo de instalaciones nucleares pacíficas, como son los reactores generadores de energía eléctrica, hay al menos dos formas de lograr la construcción de armas atómicas. Renzo Cantagalli menciona en su libro *Domani, la fine del mondo*, dos casos espeluznantes, el primero de ellos difundido por los diarios *New York Times* y *Los Angeles Times* del 29 de abril de 1977: en el trayecto desde Bélgica hasta Italia desaparecieron en 1968 doscientas toneladas de uranio, cantidad suficiente para producir 30 bombas atómicas. El barco que transportaba la carga sencillamente se desvaneció, para reaparecer pasado un tiempo con otro registro y otra tripulación, aunque, naturalmente, sin el uranio. En cuanto al segundo caso, muy pocos meses después de esta noticia, el Departamento de Energía Atómica de Gran Bretaña informó que en la central nuclear de Windscale, al norte de Inglaterra, se habían perdido 56 kilogramos de plutonio, bastante para fabricar 15 bombas atómicas. Los responsables precisaron, sin embargo, que no se trataba de un robo, sino de un simple «extravío accidental». Un

total de 15 bombas atómicas extraviadas accidentalmente. En Alemania es frecuente la detención de contrabandistas de cesio, plutonio o uranio. En octubre de 1992 se localizaron en Munich 2,2 kilos de uranio y 200 gr de cesio, y se detuvo a los integrantes de dos bandas diferentes.

El periódico británico *The Times* publicaba en su edición del 6 de octubre del 2006 que en los últimos cuatro años, el decomiso de material radioactivo susceptible de convertirse en una bomba atómica se ha duplicado. Según revelan datos de la Agencia Internacional de Energía Atómica (AIEA), en dicho período se practicaron más de 300 detenciones de contrabandistas de material radioactivo, la mayor parte de ellas en Europa. Destaca que sólo durante el año 2005, los servicios de seguridad occidentales, incluidos los británicos MI5 y MI6, frustraron 16 intentos de contrabando de plutonio o uranio. En dos ocasiones se registraron desapariciones de pequeñas cantidades de uranio muy enriquecido. Los expertos advierten que los contrabandistas, que en muchos casos proceden de la Europa del Este, están recurriendo incluso a equipos de rayos X y a laboratorios médicos para obtener ilícitamente ese tipo de material. Según dicho periódico, la organización terrorista islámica Al-Qaeda no es la única que está intensificando sus esfuerzos para conseguir una bomba atómica.

El número de diciembre del 2006 de la revista *Foreign Policy* es atemorizante. El artículo de portada, «Cómo fabricar una bomba atómica en casa», narra lo fácil e incluso lo barato que sería para un grupo terrorista construir una bomba de gran magnitud y hacerla luego estallar en alguna ciudad causando cientos de miles de muertos. Según sus autores, Peter Zimmerman y Jeffrey Lewis, la información de cómo elaborar este tipo de artefactos está ampliamente disponible en Internet.

Hace cuarenta años el peligro estaba en que los presidentes de los Estados Unidos y la URSS cayeran de repente en la demencia, o fueran víctimas de un error o de un malentendido. Hoy son ya muchos más los presidentes que hay que tener en cuenta —entre ellos más de un demente— y además un número indeterminado que no son presidentes. ¿Alguien puede seguir durmiendo tranquilo?

Volviendo a las profecías, veamos seguidamente algunas citas bíblicas. No se requiere mucha imaginación para ver que predicen claramente las consecuencias de una explosión nuclear:

[...] su carne se disolverá estando ellos sobre sus pies, y se consumirán sus ojos en sus cuencas, y su lengua se deshará en su boca.

ZACARÍAS 14, 12.

Y el cielo se apartará como un libro que se va enrollando...

APOCALIPSIS 6,14.

Y los poderosos, los ricos y los fuertes, y todo esclavo y toda persona libre se esconderán en las cuevas y en las masas de roca de las montañas.

APOCALIPSIS 6,15.

Fue herida la tercera parte del sol, de la luna y de las estrellas, de tal suerte que se oscureció la tercera parte de los mismos.

APOCALIPSIS 8,12.

En los escritos sagrados hindúes, existen numerosos indicios de que una catástrofe similar ocurrió ya en la antigüedad. En el Mahabharata se lee:

Un solo proyectil
cargado con toda la fuerza del Universo.
Una columna incandescente de humo y llamas,
brillante como diez mil soles, se elevó en todo su
esplendor...
...Era un arma desconocida, un relámpago de hierro,
un gigantesco mensajero de la muerte, que redujo a
cenizas
a toda la raza de los Vrishnis y los Andhakas.
...Los cadáveres quedaron tan quemados
que no se podían reconocer.
Se les cayeron el pelo y las uñas. Las ollas se rompieron
sin motivo, y los pájaros se volvieron blancos... Al
cabo de pocas horas
todos los alimentos estaban infectados...
...Para escapar de ese fuego,
los soldados se arrojaron a los ríos, para lavarse ellos y
su equipo...

Al releer estas líneas y las anteriores del Apocalipsis (6, 25), recuerdo inevitablemente mis lejanos días de soldado en el norte de África, y lo que supuestamente debíamos hacer en caso de resultar atacados con misiles nucleares.

El Ramayana cita un arma «tan poderosa que podría destruir la tierra en un momento: un gran ruido se eleva en humo y llamas, y sobre él está sentada la muerte».

En Pakistán existen ruinas de varias grandes ciudades; ninguna historia las menciona, por lo que deben de ser anteriores a la historia escrita. Las mayores se llaman en la actualidad Mohenjo-Daro y Harappa. Su sistema de escritura no ha podido ser descifrado, aunque se ha hallado también en otra zona: justamente en el lado opuesto del mundo, en la isla de Pascua. Parece que ambas ciudades fueron destruidas repentinamente. Las excavaciones han mostrado esqueletos dispersos, como si el cataclismo hubiera llegado tan rápido que no dio a sus moradores tiempo para irse a sus casas. Tales esqueletos, después de no se sabe cuántos miles de años, están entre los más radiactivos encontrados hasta ahora en todo el mundo, al nivel de los de Hiroshima y Nagasaki.

Estrechamente unido al concepto de catástrofe nuclear, se halla el de la guerra. Tanto Nostradamus como las profecías bíblicas apuntan hacia Oriente como el lugar donde, sin previo aviso, se iniciará la gran conflagración:

Y vendrá como el relámpago que sale de Oriente y brilla hasta Occidente.

MATEO 24, 27.

Exhalando los hombres sus almas por el terror y el ansia de lo que viene.

LUCAS 21, 26.

Y estallará la catástrofe «en la hora que menos penséis.

MATEO 24;44.

En las centurias de Nostradamus hay docenas de cuartetas que parecen referirse a la invasión de Europa por las tropas de un país oriental. Éstas son dos de ellas:

V, 54

Du pont Euxine, et la grand Tartarie
Un roi sera qui viendra voir la Gaule,
Transpercera Alane et l'Armenie
Et dans Bizance lairra sanglante Gaule.

Del Ponto Euxino y la gran Tartaria
será un rey que vendrá a ver la Galia.
Cruzará Alania y Armenia
y en Constantinopla dejará un mástil sangrante.

VI, 10

Un peu de temps les temples des couleurs,
De blanc et noir des deux entremeslée:
Roujes et Jaunes leur embleront les leurs
Sang, terre, peste, faim, feu d'eau affollée.

Un poco tiempo los templos de los colores,
de blanco y negro los dos entremezclados:
rojos y amarillos unirán los suyos
sangre, tierra, peste, hambre, fuego de agua enloquecida.

Pese a la proverbial oscuridad de Nostradamus, la primera cuarteta dice claramente que un jefe de Oriente llegará a Francia, cometiendo antes sangrientas fechorías en Asia Menor. La segunda asocia de manera escalofriante los colores amarillo y rojo (¿China comunista?) con los efectos de la guerra, posiblemente bacteriológica o atómica (peste). Veamos una más en la que, coincidiendo con otras muchas profecías, nos dice que la explosión vendrá de Oriente:

II, 91
Soleil levant un grand feu on verra,
Bruit et clarté ver Aquilon tendans,
Deans le rond mort et cris l'on orra,
Par glaive feu, faim, morts les attendans.

Por Oriente un gran fuego se verá,
estruendo y claridad, tenderán hacia Rusia,
dentro del círculo, muerte y gritos se oirán,
por armas, fuego, hambre, muertes les esperarán.

Las cualidades proféticas de Angelo Roncalli, quien con el tiempo se convertiría en el papa Juan XXIII, fueron ampliamente divulgadas por Pier Carpi en su libro *Profezie di Papa Giovanni XXIII*. Refiriéndose al suceso que estamos tratando, el futuro papa Juan XXIII es claro y conciso: «Un gran relámpago en Oriente. No oiréis el trueno. Todo será inesperado». En este punto, y finalizando ya las líneas dedicadas al posible holocausto nuclear, no debemos cerrar los ojos ante la posibilidad más real: que sea Israel, con el apoyo de Estados Unidos, el país que lo inicie, bombardeando Irán con armas atómicas en una acción «preventiva». Tanto la enfangada situación norteamericana en Irak, como el fracaso israelí en su reciente incursión libanesa hacen que los gobernantes —y una parte de la población— de ambos países estén ansiosos de sacarse la espina con una acción militar que esta vez, sí, sea breve y vencedora. Pero, como ya hemos visto, las cosas no siempre salen como fueron imaginadas.

3) Un desplazamiento brusco del eje terrestre y la consiguiente modificación de los polos es el fenómeno que sigue en la lista de posibilidades al holocausto nuclear, aunque ambos

podrían perfectamente estar entrelazados. Las siguientes palabras de Juan XXIII parecen indicarlo: «Dios desencadenará la
guerra de la Naturaleza para impedir la guerra de los hombres».

Se trata de un fenómeno que posiblemente ya ha ocurrido muchas veces, desde que la Tierra se convirtió en un astro
frío. Las evidencias son múltiples: en las desiertas islas
Svalbard, casi siempre cubiertas por el hielo y la nieve, situa-
das en pleno océano Glacial Ártico, con seis meses de noche
absoluta y otros seis en los que el sol apenas se levanta del
horizonte, se han encontrado fósiles de 136 especies de plantas mediterráneas, entre ellas pinos, cipreses, nogales y olmos.
Formaciones coralinas típicas de los mares cálidos se han
hallado no sólo en las islas Svalbard sino también en Alaska,
el norte de Canadá y Groenlandia. Se trata de un hecho definitivo: dentro de lo que es ahora el círculo polar ártico, crecían
las palmeras.

La famosa teoría de las glaciaciones está perdiendo cada
vez más adeptos. Los abundantes yacimientos fósiles muestran siempre lo mismo: numerosísimas especies desaparecieron en todo el mundo de una manera simultánea, repentina y
total. El famoso mamut que se encontró completo con carne,
piel y pelo en el año 1901, en Berezovka, Siberia, se congeló
antes de morir. El contenido de su estómago e incluso de su
boca indica que la muerte le sobrevino mientras comía plantas
de zona templada, inexistentes en la Siberia actual. Hoy lo
podemos contemplar en un museo de San Petersburgo. Es sólo
uno de los que continuamente se están hallando por toda
Siberia y también en China. Aunque muchos mamuts se han
encontrado en campos de esqueletos –durante miles de años
los chinos han estado tallando el marfil procedente de estos
yacimientos–, otros se descubren en estado de congelación,
con la carne todavía válida para los perros y que en ocasiones

ha sido consumida también por los humanos. En ciertas zonas costeras de Canadá y Alaska la abundancia de estos hallazgos es apabullante. Es como si hordas de animales, pastando o cazando, hubieran sido barridas por súbitos maremotos, arrastradas luego por la marea y abandonadas en masa en la línea costera, como ocurre con los restos de un naufragio, y siguen estando ahí, en número de millones, como masas de huesos y a menudo carne y piel, que con frecuencia son desenterradas al realizarse actividades mineras o de construcción. El doctor Frank Hibbon, de la Universidad de Nuevo México, en una expedición de estudio sobre los mamuts de Alaska, encontró una impresionante y confusa mezcla de restos congelados de caballos, bisontes, tigres de colmillos de sable, leones, renos, osos y mamuts, así como árboles y estratos de turba y musgo. Los animales, algunos de ellos de varias toneladas, formaban enormes montones, y también estaban dispersos por el paisaje. Las islas Liajov, en la Siberia ártica, se hallan totalmente formadas por colmillos y huesos de grandes mamíferos, rodeadas de repisas submarinas constituidas también por huesos. Parece que la marea, cansada de su macabra carga, decidió efectuar allí grandes depósitos.

Cada vez parece menos fantasiosa la idea de que nuestro planeta pueda experimentar una inversión de su campo magnético y un desplazamiento brusco de los polos (el Polo Sur magnético ya se está precipitando con creciente velocidad hacia el océano Índico), de consecuencias catastróficas. Muchos geólogos que inicialmente se mofaron de las teorías de Velikovsky las están examinando con sumo cuidado en la actualidad. Immanuel Velikovsky, quien emigró a Estados Unidos en 1939 y fue colaborador de Albert Einstein, en sus libros *Mundos en colisión* y *La Tierra en cataclismo*, refuta con abundantes pruebas las teorías normalmente admitidas sobre los cambios climáticos sufridos en el pasado por la Tierra. Para él está claro que fueron consecuencia de una alteración brusca del eje del planeta, o de un deslizamiento de la corteza terrestre. En *La Tierra en cataclismo* explica lo que podría ocurrir si ésta se inclinara sobre su eje:

«En ese momento un terremoto haría estremecerse al globo. El agua y el aire continuarían moviéndose por inercia; huracanes azotarían la Tierra y los mares se precipitarían sobre los continentes, acarreando grava, arena y animales marinos, y arrojándolos a la tierra. El calor aumentaría, las rocas se fundirían, los volcanes entrarían en erupción, la lava fluiría a través de las fisuras del suelo roto y cubriría vastas áreas. En las planicies surgirían montañas, que treparían y viajarían sobre las estribaciones de otras montañas, causando fallas y grietas. Los lagos se inclinarían y se vaciarían, los ríos cambiarían sus lechos; grandes áreas de tierra con todos sus habitantes se hundirían bajo el mar. Los bosques se incendiarían, y los huracanes y los mares enfurecidos los arrebatarían de la tierra en la que crecieron y los apilarían, ramas y raíces, en montones enormes. Los mares se convertirían en desiertos, y sus aguas se redistribuirían lejos.

»Y si un cambio en la velocidad de la rotación diurna (disminuyendo la velocidad del planeta) acompañara al cambio del eje, el agua confinada en los océanos ecuatoriales se retiraría a los polos por la fuerza centrífuga, y grandes marejadas y huracanes se precipitarían de polo a polo, llevando a renos y focas a los trópicos y a leones del desierto al Ártico, moviéndose desde el ecuador hasta las cordilleras montañosas de los Himalayas y bajando hasta las selvas africanas; y rocas desmoronadas desprendidas de las montañas hendidas se dispersarían a lo largo de distancias enormes; y rebaños de animales serían barridos de las planicies de Siberia. El cambio del eje modificaría el clima de todos los lugares, dejando corales en Terranova y elefantes en Alaska, higueras en el norte de Groenlandia y bosques exuberantes en la Antártida. En el caso de un cambio de eje rápido, muchas especies y géneros de animales terrestres y marinos serían destruidos, y las civilizaciones, si las hay, reducidas a ruinas».

Sigue diciendo Velikovsky:

«La evidencia de que las grandes catástrofes globales han sido acompañadas o causadas por un cambio del eje terrestre o por una perturbación en los movimientos diurno y anual de la Tierra es abrumadora... El estado de las lavas con magnetización invertida, cientos de veces más intensas de lo que podría impartir el campo magnético terrestre invertido, revela la naturaleza de las fuerzas que estaban en acción... Muchos fenómenos mundiales, para cada uno de los cuales el motivo se buscaría en vano, son explicados por una sola causa: los cambios súbitos de clima, la transgresión del mar, actividades volcánicas y sísmicas vastas, formación de cubierta de hielo, crisis pluviales, surgimiento de montañas y su dislocación, elevación y sumergimiento de costas, inclinación de lagos, sedimentación, fosilización, la procedencia de animales y plantas tropicales en regiones polares, conglomerados de animales fósiles de latitudes y hábitats variados, la extinción de especies y géneros, la aparición de especies nuevas, la inversión del campo magnético de la Tierra y muchos otros fenómenos mundiales».

El zoólogo Manson Valentine opina que la «súbita aparición de un nuevo reino animal después de la extinción de los dinosaurios se debió a cambios genéticos originados por la reversión magnética. Al final de la era mesozoica todos los animales modernos surgieron a la vez, como por una metamorfosis repentina. Las diatomeas cubrieron el mar y las plantas modernas aparecieron como convocadas por una nueva fuerza creativa». A la vista de estas afirmaciones científicas, uno no puede dejar de preguntarse: ¿será también el hombre nuevo consecuencia de una mutación genética propiciada por el futuro cambio del eje terrestre?

El ingeniero Hugh A. Brown dedicó toda su vida a investigar y difundir su curiosa teoría al respecto: la Tierra está próxima a dar un vuelco en el espacio, debido a la excesiva acumulación de hielo en el Polo Sur, que la ha convertido en una especie de trompo desequilibrado que ya ha comenzado a cabecear, y que muy pronto se volcará, originando tales maremotos y transformaciones físicas repentinas que muy posiblemente desaparecerá la mayor parte de la humanidad. Según él, esto ya ha ocurrido anteriormente, cada vez que un casquete polar ha crecido hasta madurar. Aunque carezco de bases científicas para evaluar la posible repercusión del hielo acumulado en el Polo Sur, el hecho es que éste alcanza ya una altura de 4200 metros sobre el nivel del mar y su terrible peso está continuamente hundiendo la tierra de abajo, que así va dejando espacio para más hielo. Desde 1930, año en que el almirante Bird estableció una base en el Polo Sur, el nivel del hielo ha subido más de 35 metros.

Sin embargo, la prueba más contundente de que la inversión magnética ha ocurrido ya en tiempos pasados la han proporcionado algunas piedras de hogar encontradas por un investigador de la Universidad de Camberra, a la orilla de un lago desaparecido, el lago Mungo. Estas piedras chamuscadas y cocidas las dejaron unos aborígenes que hace más de 26 000 años estuvieron quemando allí el cuerpo de una joven.

Cuando un ladrillo, o una piedra de hogar, se está enfriando después de la cocción, asume una cierta magnetización conforme al campo magnético terrestre que prevalezca en ese momento. El fenómeno es legible como si se tratara de un libro abierto. De este modo se supo ya sin ningún lugar a dudas que hace 26 000 años, la situación de los polos distaba mucho de ser la misma de hoy. De la misma manera, la lava, al enfriarse y solidificarse después de una erupción volcánica, toma una imantación permanente en función de la orientación del campo magnético terrestre en ese momento. A. Mc Nish escribe: «El examen de la imantación de ciertas rocas ígneas revela que han sido polarizadas en sentido contrario del campo magnético local, de lo que podemos inferir que la polaridad de la tierra ha sido completamente invertida en las épocas geológicas recientes».

El famoso meteorólogo austriaco Julius Hann escribía hace ya cien años: «La explicación más simple y obvia de los grandes y seculares cambios experimentados por el clima terrestre, y de la anterior existencia de altas temperaturas en lo que ahora es la región polar boreal, sería aceptar que el eje de la tierra no siempre ha ocupado la misma posición, sino que como consecuencia de procesos geológicos dicha posición ha variado, generando un reacomodo de las tierras y las aguas».

Las profecías que nos dicen que este hecho tendrá de nuevo lugar en un futuro próximo son abundantes. Desde Cayce hasta Jeane Dixon, pasando por Nostradamus:

I, 56
Vous verrez tard et tos faire grand change
Horreurs extremes et vindication.

Que si la Lune conduicte par son ange,
Le ciel s'approche des inclinations.

Veréis tarde y pronto hacer gran cambio,
horrores extremos y venganzas.
Que si la Luna conducida por su ángel,
el cielo se acerca a las inclinaciones.

I, 51
Chefs d'Aries, Jupiter et Saturne,
Dieu éternel quelles mutations,
Puis par long siecle son maling temps retourne.
Gaule et Italie, quelles emotion.

Jefes de Aries, Júpiter y Saturno,
Dios eterno, qué mutaciones,
después de largo siglo su mal tiempo regresa.
Francia e Italia, qué emociones.

Aunque de una manera tan oscura, como siempre, ambas cuartetas nos hablan sin lugar a dudas de inclinaciones del cielo, grandes mutaciones y, eso sí, mucha emoción. La rima de ambas presenta idéntica consonancia, lo que podría confirmar que tratan de un mismo suceso. El texto de la carta a Enrique II rey de Francia ya citado en el capítulo II parece también referirse a lo mismo: «Tendrá lugar una gran traslación de modo que se creerá que la pesadez de la tierra ha perdido su movimiento natural, hundiéndose en las tinieblas perpetuas...».
La Biblia lo dice todavía con más claridad:

«[...] los fundamentos de la tierra se mecerán. Total-
mente sacudida se bamboleará, se moverá con la inseguridad

*de un borracho, oscilando de acá para allá como una choza
de vigilancia».*

ISAÍAS 24, 18-19-20.

*Y vi un cielo nuevo y una tierra nueva, porque el primer
cielo y la primera tierra se fueron.*

APOCALIPSIS 21, 1.

Evidentemente, la visión del cielo ya no podrá ser la misma. Tampoco la Tierra, pues incluso sin tener en cuenta las posibles modificaciones orogénicas violentas, el simple deshielo polar cambiaría totalmente el perímetro de los actuales continentes.

Dice Velikovsky: «Las tradiciones de la gente del Perú cuentan que por un período de tiempo el sol no estuvo en el cielo, y que entonces el océano se alejó de la costa y luego, con un terrible ímpetu, se abalanzó sobre el continente». Los indios Choctaw de Oklahoma relatan: «La tierra fue sumergida en oscuridad durante largo tiempo. Finalmente, una oscura luz se asomó en el norte, pero eran olas del tamaño de una montaña, que se acercaban rápidamente». De acuerdo con la épica lapona, después de que un muro de aguas del océano cayó sobre el continente, olas gigantes continuaron rodando por encima de las tierras y cuerpos muertos se repartían por todas partes por las oscuras aguas.

En su diálogo «El Político» escribe Platón: «En ciertos períodos el universo tiene su movimiento circular actual, y en otros gira en sentido inverso. En el momento del cambio hay gran destrucción general de las especies animales, y sólo una pequeña parte de la raza humana sobrevive».

Etimológicamente, la propia palabra «catástrofe» significa «poner algo cabeza abajo, al revés» (*kata* = abajo). Una catástrofe es un suceso que cambia abruptamente el orden o el funcionamiento natural de las cosas, un evento final, usualmente de naturaleza desastrosa o calamitosa, es decir, una calamidad súbita, algo muy desafortunado.

Las tradiciones de los pueblos de los cinco continentes mencionan cataclismos semejantes: los esquimales contaron a los primeros misioneros que antiguamente sus pueblos se encontraban en las antípodas. En Groenlandia los nativos temen aún que la Tierra se ponga cabeza abajo. Los chinos dicen que es solamente después del establecimiento de un nuevo orden de cosas cuando las estrellas se mueven de Este a Oeste. Ya sea en el Compendio de Won-Che-Sing, en los poemas de Ras-Shamra en Siria o en la Voluspa de los islandeses, se pueden leer algunos detalles sobre esos cambios cósmicos ocurridos en épocas antiguas. Los aztecas hacen declaraciones semejantes y las fuentes hebraicas sobre ese asunto son innumerables. Las descripciones hechas en el tratado Sanedrín del Talmud y otras antiguas fuentes rabínicas nos hablan de grandes perturbaciones en el movimiento solar, en la época del Éxodo, del paso del mar Rojo y de la revelación sobre el Sinaí.

El cambio del movimiento solar, al pasar de una era a otra, explica que numerosos pueblos empleen la palabra sol como sinónimo de edad. Los jeroglíficos mexicanos citan cuatro movimientos del sol que designan cuatro «períodos del mundo», acompañados de un trastorno de los puntos cardinales. ¿Hubo entonces una inversión total de los puntos cardinales o solamente un traslado importante? Al padre Bernardino de Sahagún, quien llegó a México en 1529, le debemos la crónica más detallada del modo de vida, las costumbres y las tradiciones indígenas antes de la llegada de los europeos. En su monumental obra *Historia general de las cosas de la Nueva*

España, dice Sahagún que en la época de una antigua catástrofe cósmica el sol sólo se levantó un poquito por encima del horizonte y se quedó allí sin moverse, y que la luna también se quedó quieta.

También en la literatura islámica hallamos predicha una detención de la rotación terrestre. Dice Kitab al Irshad, el duodécimo imán: «La salida del sol desde Occidente es una de las cosas que deben ocurrir... Entre la declinación del sol (el mediodía) y la hora de la oración de la tarde, el sol se quedará quieto...» y nuevamente en los hadiths islámicos: «La Hora no será establecida... hasta que el sol se levante por el oeste... En ese momento has de mirar por un violento viento, un terremoto, las cosas son tragadas por la tierra, una lluvia de elementos sólidos, y signos que seguirán el uno al otro como las cuentas de un collar que caen una tras otra cuando se corta su cuerda...».

Los hopi son una pequeña tribu india de Norteamérica que al parecer sabían que la Tierra giraba sobre su eje. En una leyenda hopi, el eje de la Tierra está guardado por dos gigantes cósmicos, que cuando dejaban sus posiciones, hacían que el planeta vacilara en su giro, originando el fin de un mundo y comenzando una nueva era. El comienzo del fin del mundo presente, o cuarto mundo, ha empezado para ellos ya, y quedará consumado con la aparición de una estrella ahora invisible que se precipitará a la Tierra desde el espacio.

4) Esta leyenda hopi nos lleva a la siguiente posible causa del cataclismo, que no excluye a la anterior, e incluso puede estar estrechamente relacionada con ella y tal vez originarla: la colisión o la excesiva proximidad de la Tierra con otro cuerpo celeste de considerable tamaño. Sabemos que el rayo al caer sobre un imán invierte los polos: el globo terráqueo se

comporta como un enorme imán. Un cortocircuito con otro cuerpo celeste provocaría la inversión de los polos magnéticos Norte y Sur. Continuando con Velikovski: «...mantenemos, pues, que la órbita de la Tierra ha cambiado más de una vez y al mismo tiempo la duración del año, que la posición geográfica del eje terrestre y su dirección astronómica han sido alteradas en diversas ocasiones, que Venus, Marte y la Tierra han cambiado descargas eléctricas cuando se han rozado, que sus atmósferas han entrado en contacto y que los polos magnéticos de la Tierra han sido invertidos hace apenas unos millares de años».

En otro lugar, en su obra *Mundos en colisión*, dice Immanuel Velikovsky: «En la mitad del Segundo milenio antes de nuestra era actual, la Tierra pasó por una de las más grandes catástrofes de su historia. Un cuerpo celeste... llegó muy cerca de la Tierra. Los registros de este evento pueden ser reconstruidos a partir de evidencias provistas por gran cantidad de documentos. El cometa tocó primero a la Tierra con su cola gaseosa... Servio escribió: «No estaba en llamas, sino que era de un color rojo sangre»... Uno de los primeros signos visibles de este encuentro fue el enrojecimiento de la superficie de la Tierra por un fino polvo de pigmento oxidado. En el mar, en los lagos y los ríos, el pigmento dotó a las aguas de una coloración sangrienta. Por efecto de estas partículas de un pigmento ferruginoso o de otro material soluble, el mundo se volvió rojo. El Manuscrito Quiché de los mayas cuenta que en el hemisferio occidental, en los días de un gran cataclismo, cuando la tierra tembló y el movimiento del sol quedó suspendido, el agua de los ríos se volvió sangre.

La fuente denominada ZetaTalk desde 1995 está alertando acerca de la llegada de un cuerpo celeste al que describe: «Con una alargada órbita, distinta a un simple círculo o elipse, puesto que tiene dos focos. Pasa cada 3657 años. Proviene de Orión, pasando cerca del Sol y aproximándose a la Tierra desde éste. Pasa sobre la Tierra y luego se pierde en el espacio en su alargada órbita. A su paso toma el aspecto de un segundo sol. Es un planeta magnético, como la Tierra, y hace que ésta se incline en el espacio. Tiene cuatro veces el diámetro de la Tierra y una masa veintitrés veces superior. Su abrazo magnético causa que la Tierra primero pase por tres días de oscuridad y luego detenga temporalmente su movimiento de rotación. Está envuelto en una gran nube de polvo de óxido de hierro de color rojo, por lo que hace que los ríos y lagos adquieran un color rojizo a su paso. Provoca grandes terremotos, tsunamis, explosiones volcánicas, y crea una nueva geografía y un nuevo clima después de su paso...».

Las profecías y las leyendas de numerosos pueblos nos hablan también de este cuerpo celeste, a quien Zecharia Sitchin llama el Planeta 12 y que era conocido como Nibiru, por los antiguos sumerios.

Hercilio Maes, en su obra psicografiada *Mensajes del astral*, asegura que las repetidas afirmaciones del Apocalipsis sobre la destrucción de un tercio de la Tierra, de los animales, etc., significan la traslación del eje terrestre en 33 grados 30 minutos, razonamiento que muchos estudiosos consideran consistente. Maes explica seguidamente el porqué de dicho cambio: «La eclosión de estos acontecimientos se ha de efectuar por la presencia de un planeta que se mueve en dirección a la Tierra. Su órbita es oblicua sobre el eje imaginario del orbe terrestre y su contenido magnético, poderosísimo, actuará tan fuertemente que obligará al eje terráqueo a elevarse de manera gradual. Se trata de un planeta impregnado de magnetismo primario, muy vigoroso, cuya masa planetaria sólida es mayor que la de la Tierra y cuya aura radiactiva, debido a la estructura mineral de su núcleo, supera 3200 veces el volumen normal del aura terrestre». Según Maes, este astro «recorre una órbita que exige 6,666 años para completar su recorrido alrededor de otro sol».

Es decir, dicho planeta sería «la Bestia» del Apocalipsis, cuyo número es «666». Con ello queda aclarado todo el misterio del Apocalipsis. El mito de los demonios, ángeles, infiernos y castigos que la Iglesia ha querido ver en la obra de Juan se desvirtúa por sí mismo, para dar paso a una explicación coherente aunque terrible de un acontecimiento por el que, según Maes, hemos de pasar forzosamente. Un acontecimiento natural, perteneciente al orden lógico del cosmos, por el que ya han pasado otras humanidades desaparecidas.

El propio Juan no puede expresar más claramente la causa del cataclismo:

Y el tercer ángel tocó la trompeta y cayó del cielo un gran astro encendido como antorcha...
APOCALIPSIS 8, 10.

Pues he aquí que un gran dragón de fuego barrerá con su cola un tercio de los astros y los arrojará sobre la tierra. Y se producirá una guerra en el cielo...»
APOCALIPSIS 12, 3 y siguientes.

El escritor H. G. Wells describió en su obra *En los tiempos del cometa* cómo después de chocar la Tierra con el citado meteoro, la atmósfera quedó impregnada de un gas que convertía a los hombres en hiperlúcidos. Los hacía traspasar la barrera existente entre la verdad y la ilusión. Despertaban a la verdadera realidad y todos los problemas prácticos, morales y espirituales quedaban automáticamente resueltos. Sin duda otra premonición sobre el hombre nuevo, que en este caso aparece como consecuencia del choque de la Tierra con otro cuerpo celeste.

Dice Dino Kraspedon, en su obra *My contact with Flying Saucers*: «[...] otro sol entrará en nuestro sistema solar y formará un sistema estelar binario con nuestro sol. No emitirá luz hasta que llegue a nuestro sistema solar. Las órbitas de los planetas se reacomodarán y la tierra describirá una nueva órbita por donde están ahora los planetoides. La tierra empezará el nuevo milenio con una nueva fuente de luz que la iluminará. El sol que ha de venir se llamará el Sol de Justicia».

Abundan las premoniciones semejantes con muy pocas diferencias, si dejamos a un lado el hecho de que para unos el nuevo astro es un planeta y para otros un sol. Generalmente, se les suele describir de color rojo oscuro, o rojo apagado. Veamos lo que dice Benjamín Solari Parravicini: «Atended y entended, tú que viajas - El Nuevo Siglo se acerca en triunfos, exclamó el angel - Lo dice el incendiado halo del planeta cobre - El negó ya su luz al hombre sin orbe y dotó justiciero al justo del Divino claror del pájaro blanco. ¡Atended y entended, tú que pasas!...».

Nueva referencia a su color rojo («el planeta cobre») y a la justicia («justiciero al justo»).

Precisamente el profeta Malaquías (4, 1-2) dice algo que parece tener relación con todo esto: «Porque he aquí que viene el día ardiente como un horno, y todos los soberbios y todos los que hacen maldad serán estopa, y aquel día que vendrá los abrasará... Nacerá el sol de Justicia...».

Y también Nostradamus podría referirse a esto en la siguiente cuarteta:

IX, 44

Migres, migrés de Geneve trestous.
Saturne d'or en fer se changerá
Le contre RAYPOZ exterminera tous
Avant l'advent de ciel signes fera.

Emigrad, emigrad de Ginebra todos.
Saturno de oro en hierro se cambiará.
El encuentro con RAYPOZ exterminará a todos
antes del acontecimiento el cielo dará señales.

De nuevo referencia al hierro (el astro tendrá un color de hierro oxidado). Aquí el profeta de Salon da un nombre en clave al citado astro –en caso de que esté hablando de él– RAYPOZ.

En el libro *Yo visité Ganímedes* de Yosip Ibrahim, se dice que el eje de rotación terrestre cambiará su postura actual como consecuencia de la aproximación del planeta Hercólubus, que siguiendo su órbita normal se acerca periódicamente a la Tierra, purificándola mediante la atracción generada por su potente magnetismo.

En la abundantísima literatura sobre contactos extraterrestres –mensajes recibidos del cosmos y comunicados de los «maestros ascendidos»–, la mención al próximo desastre causado por un cuerpo que chocará o se acercará demasiado a la Tierra es tan reiterativa que llega a abrumar.

A quienes consideren imposible el hecho de que la Tierra pueda llegar a chocar con otro cuerpo celeste les diré que el profesor Luis W. Álvarez, premio Nobel de Física, tiene la teoría de que la desaparición de los dinosaurios fue originada por el choque de un meteorito gigante contra la superficie del planeta. Para hacer semejante afirmación se basa en el hallazgo de estratos de iridio (este metal se origina en explosiones de llamaradas solares o de supernovas) en capas de rocas posteriores a la era de los dinosaurios. El doctor Álvarez supone que el polvo cósmico originado por el choque, al impedir el paso de los rayos solares, rompió la cadena de producción de alimentos y causó la muerte de la especie por hambre. El doctor Ian Crane, de la Universidad Nacional de Australia, opina que la desaparición de los grandes saurios pudo deberse a una combinación de factores, quizá el más importante de ellos una reversión magnética de los polos del planeta. Durante el tiempo de tal reversión el campo magnético terrestre se debilita, y por ello la Tierra sería mucho más vulnerable a golpes de meteoritos y cometas, así como a los perniciosos rayos cósmicos.

Otra hipótesis que cada día está siendo más considerada por los astrónomos es la posible existencia de una estrella «oscura» hermana gemela de nuestro sol. Ahora se sabe que los sistemas solares «dobles» son muy abundantes.

De esta forma, la ciencia viene a confirmar lo dicho por fuentes más esotéricas: es posible que ocurran simultáneamente ambos fenómenos –el choque de nuestro planeta con un cuerpo extraño y la variación de los polos.

Con esto he dado un breve repaso a las tres causas más barajadas como posibles responsables del próximo fin de esta era. Todas están apoyadas por abundante material profético. Independientemente del porcentaje de posibilidad que le queramos conceder tanto a cada una de estas tres causas como a la otra no analizada aquí –el agotamiento y la destrucción del planeta como consecuencia de la acción humana–, como decía en la introducción, es innegable que en nuestros días existe una marcada psicosis por un próximo fin, una falta de esperanza, de expectativas y de ilusión, una notable apatía y una desconfianza hacia el futuro. El entusiasmo despertado por los avances científicos y técnicos es cada vez menor. Algunos los contemplan incluso como una desgracia, pues todos sin excepción terminan degradando el medio ambiente o aumentando el desempleo. Cualquier análisis profundo de la situación socioeconómica actual y de sus tendencias y evolución nos llevaría a conclusiones tanto o más tenebrosas que las consideradas hasta ahora. Los indicios de que estamos viviendo una época de decadencia son fáciles de ver. Pero muchos no sabemos o no queremos ver. Sin embargo, todo a nuestro alrededor nos está hablando. Veamos qué ocurre en el reino animal:

El lago Hebgen, veinte kilómetros al oeste del parque Yellowstone, en el estado de Montana, es un conocidísimo lugar de detención de millones de aves, una especie de bebedero natural donde se dan cita animales de cientos de kilómetros a la redonda. A sus orillas, nunca faltan los ornitólogos. Las más bellas grabaciones del canto de los pájaros han sido efectuadas allí y son de una riqueza melódica infinita.

Exactamente a las doce del mediodía del día 16 de agosto de 1959, los millones de pájaros que allí se hallaban levantaron el vuelo, como respondiendo a una señal imperiosa e inequívoca. Al caer la noche, el lago se encontraba absolutamente desierto, sumido en un silencio irreal e impresionante. El fenómeno era tan insólito que despertó el interés científico local e incluso nacional.

Justo a medianoche, la primera sacudida del terrible terremoto de Yellowstone hacía temblar con mayor intensidad precisamente la parte más occidental del parque.

¿Qué fuerza misteriosa impulsó a los pájaros a abandonar la zona con doce horas de antelación?

En Friuli, al norte de Italia, el 5 de mayo de 1976, dos o tres horas antes de que un terremoto de 6,7 grados en la escala de Richter sacudiera la región, se observó que muchos gatos se marchaban precipitadamente de las casas e incluso a algunos se los vio abandonar las poblaciones. También los ratones salieron de sus agujeros y sobre las pendientes de las montañas los ciervos se reunieron en grupos. Cuando faltaban entre quince y veinte minutos para la primera sacudida, los animales manifestaron un evidente nerviosismo que poco después se convirtió en pánico: los perros ladraban sin motivo y rehusaban entrar en las casas, los pájaros enjaulados mostraban una desacostumbrada agitación y vaciaban constantemente sus bebederos... Unos minutos más tarde, toda la región se venía abajo en un gigantesco sismo.

Poco antes del terremoto que sacudió Alaska en 1964, los osos kodiak abandonaron antes de tiempo las cuevas en las que hibernaban y salieron a cielo abierto.

Seguimos con los plantígrados: gran parte de la península de Kamchatka fue devastada en 1955 por una aterradora erupción volcánica. Centenares de personas perecieron; sin embargo, los osos se salvaron todos: abandonaron de improviso sus madrigueras y se fueron a zonas no afectadas por el desastre.

Desde entonces, la gente de las poblaciones de aquella zona, de intensa actividad sísmica y volcánica, ha aprendido a seguir el ejemplo de estos animales y a salvarse a tiempo. En ocasiones pueblos enteros son evacuados rápidamente, cuando se observa que los osos huyen de un paraje determinado. En el terremoto de Haicheng (China) de 1975, se vio que grandes cantidades de serpientes abandonaban sus agujeros, aunque luego murieron congeladas sobre la nieve y el hielo.

Los ejemplos de este tipo se pueden multiplicar casi hasta el infinito. La conclusión es clara: los animales constituyen unos fabulosos indicadores biológicos, que a la hora de prever un desastre sísmico pueden resultar mucho más efectivos que los aparatos electrónicos. El gobierno chino distribuye a los campesinos de las comunidades dispersas en la inmensidad de su territorio unos folletos con ilustraciones de los animales más comunes en posiciones que podrían indicar una alteración de su comportamiento normal originada por la proximidad de un sismo: caballos que se encabritan sin motivo aparente, peces que saltan fuera del agua, sanguijuelas que abandonan el fango del fondo y se ponen a girar sobre sí mismas, cerdos que rehúsan comer, etc.

Pues bien, si se ha demostrado de una manera inequívoca que los animales detectan la proximidad de una catástrofe local hasta con muchas horas de antelación, ¿no se modificaría también su comportamiento de algún modo notorio si en los próximos años nos esperara un cataclismo de dimensiones planetarias?

La respuesta lógica es sí, y lo más preocupante es que, en los últimos tiempos, cada vez hay más especies animales que presentan comportamientos extraños, que en algunas ocasiones rompen con todo el conocimiento acumulado sobre ellos durante siglos. Citemos algunos casos:

– Perros asilvestrados. Canes de todas las razas y costumbres abandonan en número cada vez mayor las casas donde siempre han vivido y forman jaurías que en poco tiempo retornan a su primitivo estado salvaje. Los informes proceden de los más variados puntos del globo. Son ya numerosos los niños muertos en los últimos años por estos perros. Según Renzo Cantagalli, tres perritos que siempre habían sido muy afectuosos e inofensivos hicieron trizas a una niña en Breckenridge. El pequeño Jason Harkins de Boulder, Colorado, fue devorado por el perro de la familia, un cariñoso pastor alemán. En Seattle, Washington, la dirección de correos suspendió el reparto domiciliario en algunas zonas de la ciudad, después de que más de veinte carteros fueron atacados, algunos de ellos con muy graves consecuencias. La Universidad de Colorado manifiesta que el ancestral instinto salvaje puede surgir en cualquier momento en el perro casero más dócil y afectuoso. La pregunta clave es: ¿por qué este retorno súbito a los instintos de ferocidad ancestrales? ¿Por qué ahora que es precisamente cuando mejor se los trata?

– Peces caníbales. Fenómeno que está despoblando muchos ríos y arroyos, sin que en muchos casos los responsables sean conscientes de ello. En un instituto ictiológico de Ohio se ha observado que ciertos ejemplares están desarrollando rápidamente «instintos antisociales», ocultándose tras las yerbas del fondo y devorando a sus semejantes. Su canibalismo continúa aunque se los alimente abundantemente. No es, pues, un impulso surgido de la búsqueda de alimento, ni tampoco se trata del instinto de una especie particularmente agresiva, sino más bien de un tipo de mutación, de un cambio inesperado en los hábitos de conducta de ciertos peces.

– El misterio de los osos. Todo comenzó en el parque nacional Glacier de Montana. Un oso grizzly rasgó al amanecer una tienda de campaña y despedazó a la muchacha que dormía en su interior. Un mes después, otras dos jóvenes, en diferentes parques de la Unión, murieron a manos de sendos osos. Era algo insólito. Se convocó un congreso de especialistas y expertos en osos grizzly, y se analizaron escrupulosamente todos los detalles, pero fue imposible hallar la causa de estos ataques sin motivo. Desde entonces los casos se han multiplicado. Parece que la relación de sumisión natural ha sido trastocada. Los osos ya no temen al hombre como antes. En un principio se pensó que se trataba de animales «degenerados» por el alimento fácil que les entregan los turistas. Pero esta teoría debió ser pronto abandonada, pues nuevos ataques ocurrieron en zonas totalmente silvestres y apartadas de los parques. Las técnicas de seguridad clásicas para adentrarse en los bosques ya no sirven. La psicología de los animales ha cambiado. Sin embargo, nadie parece capaz de explicar el motivo de dicho cambio.

— Un yate colombiano que había sido asaltado por verdaderas nubes de escarabajos atracó en el puerto de Halifax, Nueva Escocia, con la intención de contratar una compañía especializada que lo desinfectara. Sin embargo, tanto los insecticidas usuales como las fumigaciones especiales contra escarabajos no sirvieron de nada, de modo que hubo que remolcarlo hasta alta mar y quemarlo.

— Las abejas asesinas. Parece ser que el drama de las llamadas «abejas africanas» que tantas muertes causan cada año comenzó en Brasil. Se intentaba crear, mediante el cruce con la abeja brasileña, una nueva especie más tranquila, robusta y laboriosa. El resultado fue desastroso. Las sumas gastadas en trampas para «abejas africanas» son enormes y, sin embargo, en todo el continente americano, cada año hay que lamentar muertes más numerosas por su causa.

— En Australia, las ovejas dan muerte a sus propios corderitos estrangulándolos con ferocidad. Cada una a los suyos. Parece que el instinto del amor materno se ha convertido en odio. Los pastores desuellan a los corderos recién estrangulados por sus madres y recubren con su piel a otros aún vivos, para disfrazarlos. Así sus madres no los reconocen y no los matan.

— El misterio reciente de las hembras de gaviota, que se vuelven homosexuales, es uno de los muchos que están dejando perplejos a los biólogos. Podría parecer una curiosidad exenta de importancia, si no derrumbara por el suelo las conclusiones de decenios de estudios ornitológicos. Los primeros casos se observaron en la isla de Santa Bárbara, en California, y el fenómeno no cesa de aumentar. Las hembras se unen con hembras e incuban unos huevos infecundos. No es raro observar conductas homosexuales en los animales cautivos, pero son originadas por la ausencia de un macho o hembra real, lo cual provoca la adopción de un sustituto. Sin embargo, ese mismo comportamiento en animales en libertad constituye un hecho totalmente inaudito.

– El suicidio masivo de ballenas. Desde hace algunos años, no es raro contemplar en la televisión el triste espectáculo de docenas o cientos de voluntarios y ecologistas esforzados, intentando salvar a un grupo de ballenas que incomprensiblemente se empeñan en dirigirse a las playas de Florida, California, Nueva Zelanda, Australia o cualquier otro lugar. Una vez llegadas a las playas permanecen inmóviles, hasta morir irremisiblemente en cuestión de horas, pues la rapidez con que tiene lugar su proceso de deshidratación suele convertir en inútil cualquier intento de salvamento. Las autopsias efectuadas no han revelado ninguna anomalía patológica. El enigma sigue sin solución y cada vez se vuelve más oscuro, a medida que aumentan los casos. A la altura de Mayport, en la costa atlántica estadounidense, se divisó un grupo de unas cuarenta ballenas, que se dirigían directamente hacia la playa. Se dio la alarma y con rapidez más de cien voluntarios improvisaron una barrera humana, mientras varias embarcaciones hacían recorridos rápidos de un lado a otro con la intención de desviarlas. Todo resultó inútil. Los enormes cetáceos se derrumbaron sobre la playa a esperar la muerte. Es un nuevo misterio que pone en tela de juicio todas las teorías sobre el comportamiento animal. Una confirmación más. Ante estos hechos, la idea de un mundo dominado por pájaros enloquecidos como en la película de Hitchcock deja de parecer fantástica.

– En todas las épocas de las que tenemos registros se hallan crónicas y leyendas de delfines interactuando amigablemente con seres humanos, e incluso en algunas ocasiones, salvándolos de una posible muerte al mantenerlos a flote. La extraordinaria inteligencia de este animal es sobradamente conocida, y también su afinidad y simpatía hacia las personas. Sin embargo, en los últimos tiempos está ocurriendo algo alarmante. Los ataques de delfines a personas son cada vez más frecuentes. En los foros de pesca submarina, es frecuente hallar relatos de submarinistas que se han encontrado con delfines agresivos. Recientemente, tres pescadores fueron atacados en la costa Sur de Portugal, librándose uno de ellos de la muerte casi por casualidad. Es tan alarmante el incremento en este tipo de ataques que en octubre del 2006, el canal de televisión *National Geographic* dedicó un programa a este preocupante comportamiento de los delfines.

¿Podrían ser todos estos comportamientos aberrantes consecuencia de la intuición por parte del psiquismo animal de una inminente catástrofe de dimensiones planetarias? Se trata sólo de una posibilidad, aunque no totalmente alejada de las leyes de la lógica.

Epílogo
que pretende ser alentador

Aunque nadie se haya alarmado excesivamente al leer estas páginas –su pretensión nunca fue alarmar, tan sólo entretener y, tal vez, poner sobre aviso– quiero manifestar lo siguiente:

– Ciertamente, los mayas alcanzaron elevados conocimientos astronómicos, pero eso no los convierte en infalibles. Por otro lado, aunque en los últimos veinte años se han realizado grandes avances en la interpretación de su escritura, estamos todavía muy lejos de poder leer con seguridad todos los símbolos grabados en sus estelas y monumentos. El hecho de que el presente ciclo de la Cuenta Larga termine en el 2012 no tiene por qué tener forzosamente una significación esotérica o escatológica.

– Todo mensaje canalizado, inspirado o recibido psíquicamente resulta siempre, en mayor o menor grado, alterado por la personalidad del médium o canalizador. Seguramente todos aquellos que recibieron las canalizaciones mencionadas en este libro conocían la relación del año 2012 con el calendario maya.

– Es fácil ver que muchas de las predicciones de B. Solari Parravicini, sencillamente, no se cumplieron.

– Sobre Nostradamus, ya se ha dicho muchas veces: en sus escritos se puede encontrar casi cualquier cosa. Además, muchas veces prestigiosos autores «fuerzan» o distorsionan la interpretación de sus textos para hacer que se acomoden a sus teorías. Estos autoengaños son muy frecuentes.

– El sentido de las citas bíblicas puede variar bastante cuando se las saca de su contexto. Pueden ser contradictorias, como veremos más adelante. Además, a la ausencia de fechas hay que añadir la frecuente vaguedad de su contenido, como las que se refieren a la maldad de los hombres, que efectivamente se puede aplicar a esta época que nos ha tocado vivir, pero también a cualquier otro momento histórico anterior al presente –o incluso, seguramente, también al futuro.

– Cayce profetizó que el anunciado cataclismo que destrozaría California tendría lugar antes del final de este siglo, pero muy posiblemente entre 1978 y 1980. Asimismo, afirmó que la isla de Poseidón sería la primera de las tierras de la antigua Atlántida que emergería del mar, y eso supuestamente ocurriría a partir de 1969. Treinta y cinco años después de la fecha prevista, todavía no ha ocurrido nada de ello.

Las palabras de Alan Vaughan son reveladoras: *«[...] algunos intérpretes de Cayce, como Jess Stearn en su libro sobre* Edgar Cayce, The Sleeping Prophet*, se muestran muy entusiastas con la exactitud profética de Cayce* (increíblemente alta, casi en el ciento por ciento). Sin embargo, cualquiera que examine los archivos de Cayce con ojo crítico verá que la mayoría de sus profecías las da de una forma tal que cualquier evaluación se convierte en un asunto estrictamente subjetivo. Su lenguaje barroco hace difícil la comprensión, cuanto más la interpretación». Hugh Lynn Cayce, uno de los hijos de Edgar Cayce, ha manifestado que, a pesar de todos los rumores, su padre nunca dio fechas de terremotos ni catástrofes: «Deploramos el uso de estas profecías para el sensacionalismo y la predicción del día del juicio. Desgraciadamente, hay mucha gente que extrae alguna información de su contexto y luego juega con ella fuera de toda proporción. Tratar de disponer las adivinaciones juntas para llegar a fechas específicas es imposible». Palabras que están de acuerdo con lo que dice el evangelista Marcos:

Mas de aquel día y hora, nadie sabe nada, ni los ángeles en el cielo, ni el Hijo, sólo el Padre.

MARCOS 13, 32.

Pero curiosamente ni él mismo está libre de contradicciones, pues muy poco antes había dicho:

Yo os aseguro que no pasará esta generación hasta que todo esto suceda.

MARCOS 13, 30.

– La profecía más famosa del siglo XX –en Estados Unidos, por supuesto– fue el asesinato del presidente Kennedy, predicho por la señora Dixon y relatado en el libro *A Gift of Profecy* de Ruth Montgomery, muy leído durante décadas. Según la señora Montgomery, Jeane Dixon anunció el asesinato de Kennedy a los reporteros de la revista *Parade* durante una entrevista que se publicó en el número del 11 de marzo de 1956. Sin embargo, ¡sorpresa!, quien consulte dicha revista en cualquier hemeroteca no hallará ni rastro de ello. Tampoco en los siguientes números. El artículo que contiene la profecía de la señora Dixon no se publicó hasta el 13 de mayo de aquel año y difiere de lo dicho por Ruth Montgomery precisamente en los detalles que en su obra son más convincentes. En el libro *Mi vida y mis profecías,* la señora Dixon se muestra mucho más preocupada por captar la atención y la amistad de los gobernantes, por aleccionar y prevenir a sus compatriotas sobre la maldad de Rusia y los rusos, y por divulgar sus pocos aciertos que por efectuar predicciones auténticas e interesantes.

– En cuanto a los inquietantes datos del Código Secreto de la Biblia, hay que decir que el doctor Rips ha hecho una manifestación pública desautorizando el libro de Drosnin. «Todos los intentos de extraer mensajes de los códigos contenidos en la Torah, o de hacer predicciones basados en ellos, son vanos y no tienen ningún valor», declaró Rips. Por su parte, Michael Drosnin ha manifestado también en más de una ocasión que «la Biblia no es una bola de cristal» y que «es imposible encontrar algo si uno no sabe qué es lo que está buscando». Pero, sobre todo, hay algo que es indiscutible: cualquiera que lea ahora el libro de Drosnin verá que está lleno de predicciones que sencillamente no se han cumplido.

El objeto de mencionar estos supuestos fracasos e incongruencias no es desacreditar a los pobres profetas, sino exponer la idea de que tal vez el futuro no esté formado por un material rígido e invariable sino que, al contrario, son nuestros actos los que en gran parte lo van moldeando y modificando. Es importante no dejarnos arrastrar por corrientes de pensamiento ajenas a nosotros, por muy de moda que puedan estar.

Y también lo es tomar conciencia de que nosotros somos los arquitectos de nuestro destino. Que lo vamos construyendo paso a paso, día a día y minuto a minuto. En la medida en que seamos plenamente conscientes de nosotros mismos, de nuestra situación en este mundo y de las enormes posibilidades que tenemos a nuestra disposición, iremos moldeando nuestro propio futuro. Si, por el contrario, nos dejamos llevar por opiniones ajenas, por modas o por nuestra naturaleza mecánica, nos convertimos en autómatas, en hojas secas que el viento arrastra de un lado a otro, en barcos a la deriva.

Ésta fue la respuesta de G. I. Gurdjieff cuando uno de sus alumnos le preguntó sobre el conocimiento del futuro: «Para llegar a conocer el futuro es necesario ante todo conocer tanto el presente como el pasado en todos sus detalles. Hoy es lo que es porque ayer fue lo que fue, y si hoy es como ayer, mañana será como hoy. Si queremos que mañana sea diferente, debemos hacer que hoy sea diferente. Si hoy no es más que una consecuencia del ayer, mañana a su vez no será sino una consecuencia de hoy. Una máquina no tiene futuro. Sólo un hombre lo tiene. Para poder tomar las riendas de nuestro futuro debemos dejar de ser máquinas y llegar a convertirnos en hombres».

Y, ya para terminar, transcribo un bello cuento incluido por Anthony de Mello en su libro *El canto del pájaro*:

«El gran general japonés Nobunaga decidió atacar, a pesar de que sólo contaba con un soldado por cada diez enemigos. Él estaba seguro de que vencerían, pero sus soldados abrigaban muchas dudas.

»Cuando marchaban hacia el combate, se detuvieron en un santuario sintoísta. Después de orar en dicho santuario, Nobunaga salió afuera y dijo: Ahora voy a echar una moneda al aire. Si sale cara, venceremos. Si sale cruz, seremos derrotados. El destino nos va a revelar su rostro».

»Lanzó la moneda y salió cara. Los soldados se llenaron de alegría y de tal ansia de luchar que no encontraron ninguna dificultad para vencer.

»Al día siguiente, un ayudante le dijo a Nobunaga: «Realmente, nadie puede cambiar el rostro del destino».

»"Exacto", le contestó Nobunaga, mientras le mostraba una moneda falsa que tenía cara por ambos lados».

Recursos

Las siguientes páginas de Internet contienen información interesante acerca de algunos de los temas abordados en este libro:

Centro de Estudios del Mundo Maya
C. 53 # 319 x 42 y 44, V. la Hda.
Mérida, Yucatán, México 97119
E-mail: contact@mayacalendar.com
http://www.mayacalendar.com/

Fotografías de los centros mayas más importantes: http://mayaruins.com/

Arte maya: http://home.epix.net/~miser17/art.html

Página dedicada al estudio de diversos aspectos de la cultura mesoamericana: http://www.mesoweb.com/welcome.html

Página con mucha información maya: http://www.pauahtun.org/

Base de datos epigráfica maya: http://www3.iath.virginia.edu/med/

Sitio que contiene mucha información sobre las culturas mesoamericanas, por Kevin Callahan, del Departamento de Antropología de la Universidad de Minnesota: http://www.angelfire.com/ca/humanorigins/index.html

Puerta Galáctica. Sitio de la organización de José Argüelles:
http://www.tortuga.com/

Terence McKenna:
http://deoxy.org/mckenna.htm

Textos de Terence McKenna en español:
http://s3r3bro.net/arx/terewebo/t_mckenna.htm

Sitio de John Major Jenkins, autor de varios libros sobre el 2012 y el calendario maya: http://alignment2012.com/

Otra página de J. M. Jenkins: http://portalmarket.com/cosmogen.html

Base de datos sobre el 2012: http://www.diagnosis2012.co.uk/

Una perspectiva astrológica del 2012:
http://www.astroconsulting.com/FAQs/paradigm_shift_2012.htm

Página australiana sobre el 2012: http://www.2012.com.au/

Interesante sitio sobre cultura maya en español:
http://www.mayadiscovery.com/es

Información muy completa sobre las apariciones de Medjugorje en varios idiomas: http://www.medjugorje.org/olmpage.htm

Un sitio con mucha información sobre Fátima: http://www.fatima.org/

Páginas oficiales de Kryon:
http://www.kryon.com/
http://www.kryon.org/lee.htm

Sobre la revelación de Ramala: http://www.ramalacentre.com/

Bibliografía

Acosta, Hernán. *Tzolkin, Las 33 Claves ascensionales mayas*. Editorial Grijalbo. México.

Alonzo, Gualberto Zapata. *An Overview of the Mayan World*. Mérida, 1983.

Amorah, Quan Yin. *Manual de Ejercicios Pleyadianos*. Ediciones Obelisco. Barcelona. 1998.

Anderson, Nina. *2012 Airborne Prophecy*. ATN Publishing. 2003.

Argüelles, José. Earth Ascending: *An lilustrated Treatise on the Law Covering Whole Systems*. Boulcler: Shambhala Publications, 1984.

_____ *The Mayan Factor: Path Beyond Technology*. Bear & Co. 1987.

_____ *Living Through the Closing of the Life Cycle (A Survival Guide for the Road to 2012)*. Foundation for the Law of Time. 1998.

_____ *Time and the Technosphere: The Law of Time in Human Affairs*. Bear & Co. 2002.

Arnold, Edward. 2012 - *Year of the Apocalypse: The Destruction and Resurrection of Earth*. Outskirts Press. 2005.

Arochi, Luis E. *La Pirámide de Kukulcan: Su simbolismo solar*. Méjico City: Panorama Editorial, 1981

Bernbaum, Edwin. *The Way to Shambhala*. New York: Doubleday, 1980.

Beuttenmuller, Alberto. *2012-La profecía maya*. Edaf. Madrid. 2001.

Boyett, Jason. *Pocket Guide To The Apocalypse: The Official Field Manual For The End Of The World*. Relevant Books. 2005.

Cain, Ivan. *The Year 2012*. Publishamerica. 2000.

Calleman, Carl Johan. Solving *the Greatest Mystery of Our time: The Mayan Calendar*. Garev Publishing. 2000.

_____ The *Mayan Calendar and the Transformation of Consciousness.* Bear & Company. 2004.

Carey, Ken. *Visión.* Sirio. 1988.

_____ *Semilla de Estrellas.* Sirio. 1988.

_____ *La Vuelta de las Tribus Pájaro.* Sirio. 1989.

Carson, David & Nina Sammons. *2013 Oracle: Ancient Keys to the 2012 Awakening.* Council Oak Books. 2006.

Caso, Alfonso. *Los Calendarios Prehispánicos.* México City: Universidad Nacional Autónoma de México, 1967.

Clark, E. J. & B. Alexander Agnew. *The Ark of Millions of Years Volume Two: 2012 and the Harvest of the End Times.* Authorhouse. 2006.

Cruttenden, Walter. *Lost Star of Myth And Time.* St. Lynn's Press. 2005.

Dave, Chetan. *The 2012 Bid.* Authorhouse. 2005.

De Landa, Diego. *Relación de las cosas de Yucatán.* Centro de Estudios del mundo maya. Mérida. Yucatán. México. 2000.

Dimde, Manfred. *Nostradamus. Das apokalyptische Jahrzehnt. Die entscheidenden Jahre bis 2012.* Heyne. 2001.

El libro de los libros de Chilam Balam, traducción de textos por Alfredo Barrera Vázquez y Silvia Rendón, Fondo de Cultura Económica, México, 1995.

Eliade, Mircea, y Couliano, Ioan P., *Diccionario de las religiones,* Ediciones Paidós Ibérica, Barcelona, 1992.

Eldem, Burak. *2012: Marduk' la Randevu.* Inkilap Publishing. 2006.

Faucett, Lawrence. *Time and Morality. Establishing A Babylonian Sourse for Hindu and Mayan Chronologies.* Woodiand Hilis Reporter, 1956.

Gaboury, Placide. *Le Jour ou la Lumiere viendra.* Quebecor. Outremont. Canada. 2006.

George, Tamar. *Reborn in Time for 2012.* AuthorHouse. U.S.A. 2002.

Geryl, Patrick. *The Orion Prophecy: Will the World Be Destroyed in 2012.* Adventures Unlimited Press. 2002.

_____ *The World Cataclysm in 2012.* Adventures Unlimited Press. 2005.

Gilbert, Adrian G. y Cotterell, Maurice M., *Las profecías mayas,* Editorial Grijalbo, México, 1996.

Gilbert, Adrian. *2012: Mayan Year of Destiny.* A.R.E. Press. 2006.

Gockel, Wolfgang, *Historia de una dinastía maya,* Editorial Diana, México, 1995.

Halpern, Paul. *Countdown to Apocalypse: A Scientific Exploration of the End of the World.* Perseus Books Group. 2000.

Hancock, Graham. *Las Huellas de los Dioses.* Ediciones Folio. Barcelona. 2000.

Hand Clow, Barbara, *Cosmología pleyadiana,* Ediciones Obelisco, Barcelona, 2000.

Hatcher Childress, D., ed. *The Anti- Gravity Handbook.* Stelle, W.: Publisher Network, 1985.

Bibliografía

Heinrich, Walther: *Altamerikanische Kalender*, INTI-Verlag, Trier, 1993.

_____ *Zahl und Zeit in magischen Quadraten — Die Primzahlen und das Sonnenjahr — Verbindungen zu Altamerika*, INTI-Verlag, Trier, 1997.

Holey, Johannes. *Bis zum Jahr 2012. Der Aufstieg der Menschheit ...mit praktischen Anleitungen*. Ama Deus Verlag. 2000.

Hogue, John. *Las profecías del milenio*. Plaza y Janés. Barcelona. 1999.

Hohne, Niklas. *What is Next After the Kyoto Protocol: Assessment of Options for International Climate Policy, post 2012*. Purdue University Press. 2006.

Hoskins, D. Rhoades. *2012: The Shaman's Prophecy*. Astrovibes Press. 2001.

Husfelt, D. D. Jc. *The Return of the Feathered Serpent Shining Light of 'First Knowledge': Survival and Renewal at the End of an Age, 2006-2012*. AuthorHouse. 2006.

Hutton, William. *Coming Earth Changes: Causes and Consequences of the Approaching Pole Shift*. A.R.E. Press. 1996.

Jacobson, Noah. *Ultime frontière: The Next Point 2012*. Editions de France.2005.

Jaden, Michael. *Collision of Worlds 2012: An Unparalleled Quest for Power.* AuthorHouse UK. 2006

Jenkins, John Major & Martin Matz. *Pyramid of Fire: The Lost Aztec Codex*. Bear & Company. 2004.

Jenkins, John Major and Terence McKenna. *Maya Cosmogenesis 2012: The True Meaning of the Maya Calendar End-Date*. Bear & Company. 1998.

Jenkins, John Major. *Galactic Alignment: The Transformation of Consciousness According to Mayan, Egyptian, and Vedic Traditions*. Bear & Company. 2002

Joseph, Lawrence E. *Apocalypse 2012: A Scientific Investigation into Civilization's End*. Morgan Road Books. 2007.

Kaa, Sri Ram. *2012: You Have A Choice!: Archangelic Answers And Practices For The Quantum Leap*. Tosa Publishing. 2006.

Kretzschmar, Ute. *Der Aufstieg der Erde in die fünfte Dimension 2012*. Falk Seeon. 2002.

Krygier, Mario. *Don Eric und die Maya. 23. Dezember 2012. Werden die Götter wiederkommen?* Docupoint. 2006.

Laszlo, Ervin. *Chaos Point, the World at the Crossroads 2006-2012: A Window in Time to Avert Global Collapse and Begin Worldwide Renewal*. Fallowfield Press. 2006.

Landa, Diego de, *Relación de las cosas de Yucatán,* traducción de W. Gates, Dover Publications, Nueva York, 1978.

LaViolette, Paul. *Earth Under Fire: Humanity's Survival of the Apocalypse*. Starlane Publications. 1997.

Le Piongeon, Augustus. *Maya/Atlántis: Queen Moo and the Egyptian Sphinx* Blauveit, NY: Rudolf Steiner Publications, 1973.

263

Lehmann, Henri, *Las culturas precolombinas,* Editorial Eudeba, Argentina, 1997.

León-Portilla, Miguel, *Los antiguos mexicanos a través de sus crónicas y cantares,* Fondo de Cultura Económica, México, 1997.

Leslie, John. *The End of the World.* Routledge. 1998.

Lowe, John W. G.: *The Dynamics of Apocalypse, a Systems Simulation of the Classic Maya Collapse.* U. of New Mexico Press, 1985.

Malkún, Fernando, *Los dueños del tiempo,* documental, Cadena Caracol.

Marziniak, Barbara. *Die Lichtfamilie. Lehren für die kommenden Jahre bis 2012.* Schirner. 2004.

Masters, Marshall. *Indigo-E. T. Connection: The Future of Indigo Children Beyond 2012 and Planet X.* Your Own World Books. 2004.

Mau, Michael P. *The Sanctus Germanus Prophecies: The Events Leading Up to Year 2012.* The Sanctus Germanus Foundation. 2003.

McGuire, Bill. *A Guide to the End of the World: Everything You Never Wanted to Know.* Oxford University Press, U.S.A. 2002.

McKenna, Dennis J., and McKenna, Terence K. *The Invisible Landscape: Mind Hallucinogens and The I Ching.* New York: The Seabury Press, 1977.

Morelock, Curt & Burke, Ray. *Event 2012.* Trafford Publishing. 2006.

Morf, Brit. *Countdown 2012. Ein Report aus der Zukunft.* Silberschnur. 2001.

Morley, Sylvanus Griswold, *An Introduction to the Study of Maya Hieroglyphs,* Dover Publications, Nueva York, 1975.

_____ *The Ancient Maya.* Stanford: Stanford UniversitY Press, 1956.

Morton, Chris & Thomas, Ceri Louise. *The Mystery of the Crystal Skulls: Unlocking the Secrets of the Past, Present, and Future.* Bear & Company. 2002.

Nidle, Sheldon y Argüelles, José, *Manual del humano galáctico - En el umbral del Nuevo Tiempo,* Editorial Errepar, Argentina, 1998.

Niaga, Enots. *Transition 2012.* PublishAmerica. 2006.

Noah, Joseph. *Future Prospects of the World According to the Bible Code.* New Paradigm Books. 2002.

Ostrander, Edgar A. *Evidence that Ancient Mayan Cosmology Incorporated the Internal Functioning of the Human Brain.* Smithtown, N.Y.: Exposition Press, 1983.

Palmer, Phillip. *2012 And Beyond God Speaks to Humanity: Humanity May Die.* One World Press. 2004.

Parédez, Domingo Martinez. *Parapsicología Maya.* Manuel Porrua. México. 1981.

Penrose, Th.: *Mayan Cryptoquantum Numerations.* Liberty Bell Associates. 1984

Pinchbeck, Daniel. *2012: The Return of Quetzalcoatl.* Tarcher, N.Y. 2006.

Bibliografía

Popol Vuh, traducción de Adrián Recinos, Fondo de Cultura Económica, México, 1995.

Poynder, Michael & Trevelyan George. *Pi in the Sky: A Revelation of the Ancient Celtic Wisdom Tradition.* Collins Press. 1998.

Preston, Douglas. *El Códice Maya.* Random House. Barcelona. 2005.

Ramala Centre. *The Revelation of Ramala.* 1978.

Redden, Wayne. *2012 In Bible Prophecy.* Pleasant Word-A Division of WinePress Publishing. 2006.

Reiter, R. *Maya-Ticket. ...Für die Reise bis 2012 und darüberhinaus.* Sonnenlicht. 2006.

Rising, David. *Noah's Ark 2012: Journal.* Lulu Press. 2003.

Rogue Geophysicist. *Armageddon 2012: The Last Major Conflicts Between Scientific Truths & Religious / Academic Myths.* Authorhouse. 2004.

Robertson, Merle Greene, *The Sculpture of Palenque,* Vol. II, Princeton University Press, 1985.

Roso de Luna, Mario. *La Ciencia Hierática de los Mayas. Una contribución a los códices Anahuac.* Librería de Pueyo. Madrid. 1911.

Ruz Lhuillier, Alberto, *El Templo de las Inscripciones, Palenque,* Instituto Nacional de Antropología e Historia, México, 1973.

Sacred Science: *The King of Pharaonic Theocracy,* Transiated by Andre and Goldian Vandenbroei. New York: Inner Traditions, 1982.

Santiago Robles, Federico J. *El Lenguaje de las Piedras: Chinicultic, Chiapas.* San Cristóbal de las Casas, 1974.

Schawaller de Lubicz, R. A. *Nature Word,* Transiated by Deborah Lawlor. Stockbridge Mass. The Lindisfarne Pres, 1982.

Schele, Linda y Parker, Joy, *El cosmos maya,* David Freidel, Fondo de Cultura Económica, México, 1999.

Schele, linda, And Miller, Mary Ellen. The *B/ood of Kings: Dynasty and Ritual in Maya Art.* New York: George Braziller, 1986.

Séjourné, Laurette, *El pensamiento náhuatl cifrado por los calendarios,* Siglo Veintiuno Editores, México, 1998.

_____ *Burning Water: Thought and Religion in Ancient Mexico.* Boulder: Shambhala Publications, 1977.

Sharer, Robert J., *La civilización maya,* Fondo de Cultura Económica, México, 1998.

Shearer, Tony. *Beneath the Moon and Under the Sun, A poetic Appraisal of Sacred Calendar and Prophecies of Ancient Mexico.* Albuquerque: Sun Books, 1975.

Spigarelli, Jack. *Crisis Preparedness Handbook: A Complete Guide to Home Storage and Physical Survival.* Cross-Current Pub. 2002.

Stein, Diane. *Prophetic visions of the future.* The Crossing Press. Freedom. California. 1991.

Stein, Matthew. *When Technology Fails: A Manual for Self-Reliance and Planetary Survival.* Clear Light books. 2000.

Sri Ram Kaa & Kira Raa. *2012: You Have A Choice!: Archangelic Answers And Practices For The Quantum Leap.* Tosa Publishing. 2006.

Spinden, Herbert J. *A Study of Maya AM Its Subject Matter An Historical Development.* New York, Dover Publications, 19,75.

Sprajc, Ivan, *La estrella de Quetzalcóatl,* Editorial Diana, México, 1996.

Stierlin, Henri. *Art of the Maya. New York:* Rizzoli, 1981.

Stray, Geoff. *Beyond 2012: Catastrophe or Ecstasy.* Vital Signs Publishing. 2006.

Strimsvik, Gustav. *Guidebook to the Ruins of Copan.* Washington: Carnegie Institute of Washington, 1947.

Stuart, George E. and Stuart, Gene S. *The Mysterious Maya.* Washington: The National Geographic Society, 1977.

Swimme, Brian. *The Universe is a Green Dragon: A Cosmic Creation Story.* Sante Fe: Bear & Co, 1984.

Tediock, Barbar. *Time and The Highland Maya.* Albuquerque: U niversitY of New Mexico Press, 1982.

The Book of Chilam Balam of Chumayel. Translated and edited by Ralph Roys. Norman: University of Oklahoma. Press. 1967.

The Inscriptions of Peten. Washington: Carnegie Institute of Washington, 1937. *Guidebook to the Ruins of Quirtgua.* Washington: The Carnegie Institute, 1935.

An *Introduction to the Study of Maya Hieroglyphs.* New York: Doverpublications,1975.

The Rise and Fall of Maya Civilization. Norman: University Oklahorna Press, 1954.

The Transformative Vision: Reflections on the Nature and History of Humman Expression. Berkeley: Shambala Publications, 1975

Thompsom, William Irwin. *Blue Jade From The Morning Start: An Essay and a Cycle of Poems on Quetzalcoatl.* Stockbridge, Mass.: The Lindisfarne Press, 1983.

Thompson, J. Eric S. A. *Catalog of Maya Hieroglyphs.* Norman: University of Oklahoma Pres, 1962.

Tompkins, Peter. *Mysteries of the Mexican Pyramid.* New York: Harper & Row. 1971.

Tozzer, Alfred M. *A Maya Grammar.* New York: Dover Publications, 1977.

Utum, Marcelo. *2012: o Fim Anunciado.* Novo Seculo. 2004.

Villoldo, Alberto. *Las Cuatro Revelaciones.* Sirio. 2007.

Waters, Frank. *Mexico Mystique: Coming 6Th World Of Consciousness.* Swallow Press. 1989.

_____ Mexico Mystique: *The Coming Sixth World of Consciousness.* Chicago: Swallow Press, 1975.

Weidner, Jay. *A Monument to the End of Time: Alchemy, Fulcanelli and the Great Cross of Hendaye.* Aethyrea Books LLC. 2000.

Bibliografia

_____ *The Mysteries of the Great Cross of Hendaye: Alchemy and the End of Time.* Destiny books. 2003.

Weldon, Randolph. *Doomsday 2012.* Cork Hill Press. 2004.

West, John Anthony. *Serpent in the Sky: The High Wisdom of Ancient EgYpt.* New York: Harper & Row, 1979.

Westheim, Paul. *The Art of Ancient Mexico.* Translated by Ursula Bernand. New York: Doubleday, 1965. Prehíspanic Mexican Art. Mexico city: Editorial Herrero, 1972.

White, John Warren. *Pole Shift: Predictions and Prophecies of the Ultimate Disaster.* A.R.E. Press. 1985.

Wójcikiewicz, Andrew. *Awakening the Pharaoh: How to Avoid World Cataclysm in 2012.* AuthorHouse. U.S.A. 2007.

Yong Jang, Hwee. *Gaia Project: 2012; The Earth's Coming Great Changes.* Llewellyn Publications. St. Paul. MN. 2007.

Zelikovics, Tibor. *2012: Die kommende Zeitwende und das Goldene Zeitalter. Prophetische Visionen zur Gegenwart und Zukunft.* Metaphysika. 2006.

_____ *Zeitenwende 2012. Der Kalender und die Prophezeiungen der Mayas.* Metaphysika. 2006.

Zimmermann, Günther, *Die Hieroglyphen der Maya-Handschriften, Abhandlungen aus dem Gebiet der Auslandskunde,* tomo 62, reihe B, tomo 34, Universität Hamburg, 1956.

Índice